지중해지역원 번역시리즈 ③

지중해연합을 향한 로드맵

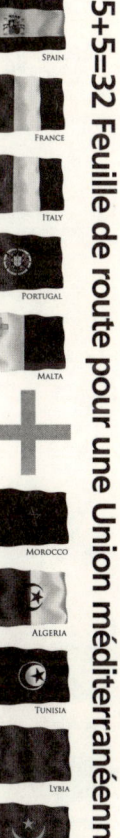

5+5=32 Feuille de route pour une Union méditerranéenne)

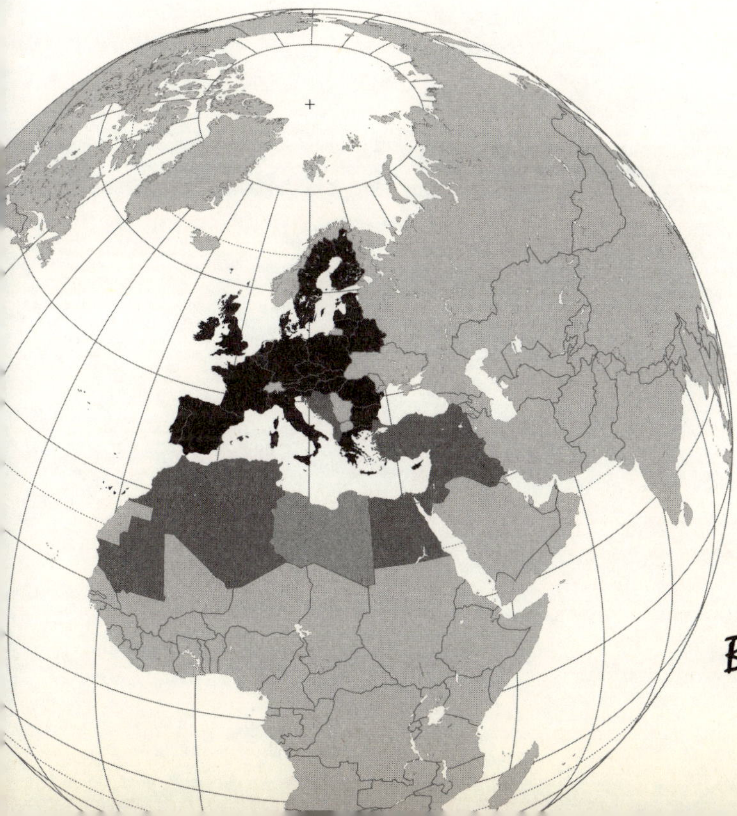

지식공간 BookSpain 북스페인

지중해연합을 향한 로드맵

지은이	|	프랑스 경제학자 클럽과 위베르 베드린
		(Le Cercle des économistes et Hubert Védrine)
옮긴이	|	장니나
펴낸이	|	최병식
펴낸날	|	2010년 7월 16일
펴낸곳	|	북스페인
		서울시 서초구 서초동 1308-25번지 강남오피스텔 1309호
		전화 | 02-3481-1024 / 전송 | 02-3482-0656
		e-mail | bookspain@hanmail.net

책 값 | 12,000원
ISBN 978-89-91482-21-0   03340

이 책은 북스페인이 저작권자와의 계약에 따라 발행한 것이므로
본사의 허락없이는 어떠한 형태나 수단으로도 이 책의 내용을 이용할 수 없습니다.

* 북스페인은 주류성출판사의 번역서 전문 브랜드입니다.

* 잘못된 책은 바꿔 드립니다.

지중해지역원 번역시리즈 ③

지중해연합을 향한 로드맵

지은이 : 프랑스 경제학자 클럽과 위베르 베드린
    (Le Cercle des économistes et Hubert Védrine)
옮긴이 : 장니나

목 차

서언 - 프랑스 경제학자 클럽 • 9
'유럽과 지중해의 경제통합 : 공동의 계획인가?' - 위베르 베드린 • 13
약자 및 축약어 • 19
서문 • 21

 제1부 | 유럽과 지중해 : 공동의 성장 전략을 위하여 • 25

Chapter 1 지중해의 중요성 • 26
   1.1. 간과할 수 없는 발전의 잠재성 • 27
   1.2. 거시경제 지수(agregats) • 30
   1.3. 인구문제 • 31
   1.4. 유럽 기업들을 위한 '새로운 국경' • 32

Chapter 2 바르셀로나의 정신 • 39
   2.1. 바르셀로나 프로세스에 의해 이해 정의된 협력의 틀 • 40
   2.2. 지중해 이남의 경제통합 의지 • 44

| Chapter 3 | **지역통합의 전망** • 47 |

3.1. 일본과 중국 • 49

3.2. 미국과 중남미 • 51

3.3. 독일과 중앙·동유럽 국가들 • 52

3.4. 프랑스와 지중해 연안(bassin) • 54

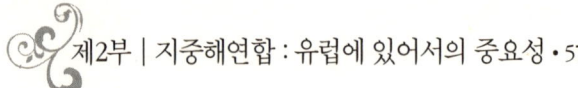
제2부 | 지중해연합 : 유럽에 있어서의 중요성 • 57

| Chapter 4 | **성장 전망(projection)** • 59 |

| Chapter 5 | **불가능한 '지체'** • 61 |

| Chapter 6 | **직접투자의 애매함** • 69 |

| Chapter 7 | **대출기금 수혜** • 72 |

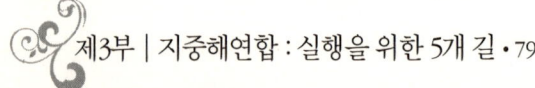
제3부 | 지중해연합 : 실행을 위한 5개 길 • 79

| Chapter 8 | **제도적 측면** • 82 |

| Chapter 9 | **주된 협력 분야** • 84 |

9.1. 농업협상의 재개 • 84

9.2. 미래의 에너지 관련 협력 • 90

9.3. 섬유 : 경쟁력 있는 협력의 조건 • 98

9.4. 직업교육을 우선시하는 방안 • 100

Chapter 10　지중해 지역의 경제성장을 위한 재정 : 어떤 원칙이 필요한가? • 107

10.1. 자본 끌어들이기 • 112

10.2. 이와 관련하여 전담 다국적 기관을 수립해야할 것인가? • 118

Chapter 11　지역발전 전략 • 128

11.1. 로지스틱 • 128

11.2. 에너지 상품의 변형 • 131

11.3. 컴퓨터와 정보기술 • 132

Chapter 12　인적 이동의 재균형화 • 136

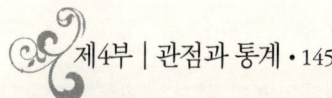
제4부 | 관점과 통계 • 145

Chapter 13　지중해 국가들 : 유럽이 그들과 가까워지지 않는다면 미국이나 중국이 대신 할 것이다 • 146

Chapter 14　EU와 지중해 국가들과의 관계 • 146

14.1. 무역 관계 • 148

14.2. 인적 관계 • 154

14.3. 재정 관계 • 155

| Chapter 15 | 유럽은 지중해 국가들과의 관계를 형성하는데 있어서 미국, 중국과 경쟁관계에 있다 • 158

| Chapter 16 | 유럽과 지중해의 재정공간을 위한 방침들 • 163

   16.1. 유럽연합의 재정 서비스 정책 • 167

   16.2. 지중해 경제를 위한 은행 중재의 이로운 점 • 169

| Chapter 17 | 기업분야에서 유럽과 지중해의 협력 • 173

   17.1. 세 종류의 동물 • 174

   17.2. 제기되는 문제들 • 174

   17.3. 세 가지 변치 않는 사항들 • 177

   17.4. 세 가지 상호보완점 • 178

   17.5. 두 가지 자각 • 179

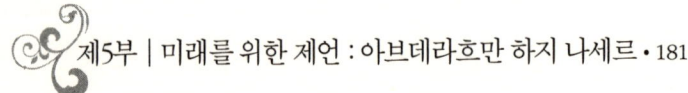
제5부 | 미래를 위한 제언 : 아브데라흐만 하지 나세르 • 181

결언 • 193

부록 • 195

서언

　5+5=32, 지중해연합을 향한 로드맵, 왜 이 제목으로 정했는가? 이유는 간단명료하다. 유럽과 지중해 지역 간의 통합이 쉽지 않자 프랑스 외교부는 지중해를 중심으로 지중해 이북 5개국(포르투갈, 스페인, 프랑스, 이탈리아, 몰타)과 지중해 미래와 가장 직접적인 연관이 있는 지중해 이남 5개국(모리타니아, 모로코, 알제리, 튀니지, 리비아)을 우선 통합하고자 하는 협력 프로세스를 출범시키게 된다. 과거 니스 협정 체결 때 관철된 확대안과는 달리-오늘날까지 가시적인 효과가 부족하다고 평가받고 있는- 이 '5+5' 철학은 형식에 머무르는 것이 아니라 관련 회원국 간의 직접적인 협력이 이루어질 것이라는 기대로 성찰의 대상이 되었다. 이 협력의 효과가 가시화되면 역내 다른 국가들의 가입이 늘어날 것이기 때문이다. 통합은 10개국으로 출발하고 유럽연합의 다른 22개 회원국은 그들에게 당장은 이득이 전혀 없어 보이지만 한편으론 무언가를 야기하게 될 그 대단한 도약에 합류할 것으로 보인다.

　이러한 '흡인' 효과는 역사적으로 볼 때 언제나 존재해왔으며 긍정적인 마인드를 가지고 살펴볼때 '5+5'는 10이 아니라 분명

32가 될 것이다.

왜 이 책을 프랑스 경제학자 클럽이 펴내게 되었는가? 프랑스 대통령인 사르코지(Nicolas Sarkozy)가 지중해연합 결성을 위한 계획을 제안함으로써 이 '5+5' 프로세스를 조직적으로 활성화 시키는 데 프랑스가 앞장섰기 때문이다. 프랑스 경제학자 클럽은 그동안 항상 국내 문제를 벗어나 국경을 초월한 주제에 동참해왔고 프랑스와 유럽의 미래에 대한 성찰을 미리 예견하는 방식으로 참여해왔으며, 프랑스 공화국 대통령이 솔선수범하여 착수한 계획에 대해 프랑스 경제학자 클럽으로서 기여해야 할 의무가 있다고 생각되기 때문이다. 더군다나 경제학자 클럽은 지중해연합 결성을 목표로 삼은 이 '5+5' 프로세스 확대를 재결의했던 2003년 튀니스 정상회담 때에 역동적으로 역할을 수행했으므로 지중해연합에 관심을 가지는 것은 자연스러운 일이다. 경제학자 클럽은 앞서 언급한 정상회담때『5+5, 강화된 협력체를 향한 야망』이라는 제목 하에 규정서를 출간하였고, 당시 자크 시라크(Jacques Chirac) 프랑스 대통령은 그 규정서 결언에서 야망과 독창성을 언급한 바 있다. 그 규정서는 올리비에 파스트레(Olivier Pastré)와 장-마리 슈발리에(Jean-Marie Chevalier)의 지도하에 출판 계획을 세우고 파트릭 아르튀스(Patrick Artus), 장-폴 베트베즈(Jean-Paul Betbèze), 엘리 코헨(Elie Cohen), 크리스티앙 드 부아시외(Christian de Boissieu), 미셸 디디에

(Michel Didier), 피에르 자케(Pierre Jacquet), 다니엘 비트리(Daniel Vitry)가 집필에 공동 참여하였다. 바로 이 규정서가 본 저서의 모태가 된다. 이 저서에서는 올리비에 파스트레의 엄정한 지도하에 파트릭 아르튀스가 지중해 국가들이 유럽 대신 미국이나 중국을 선택할 수도 있다는 가설을 피력했고, 앙드레 카르타파니스(André Cartapanis)는 유럽과 지중해 간의 재정 관계 지표에 대해 기술하였으며, 장-폴 베트베즈는 기업분야에서의 협력에 대해 저술했다. 또한 이 저서를 여는 서언에서 지중해 이북을 대표하여 위베르 베드린(Hubert Védrine)이 기술한 텍스트와 '대위법'을 이루는 마지막 장인 제5부에서는 '미래를 위한 제언'이라는 제목하에 전 알제리 중앙은행 총재인 아브데라흐만 하지 나세르(Abderrahman Hadj Nacer)가 지중해의 다른 편인 지중해 이남 대표로서 개인적인 시각을 조명하고 있다.

다른 한편 이 저서는 위에서 언급한 내용과 다른 야망도 지니고 있다. 바로 과거 규정서보다 더 계획적이고 전략적인 지침서가 되기를 희망한다는 점이다. 2003년(『5+5, 강화된 협력체를 향한 야망』)은 성찰하고 논의해야 되는 시기였고 2007년(『5+5=32, 지중해연합을 향한 로드맵』)은 실제 행동해야 되는 시기이기 때문이다. 이 저서의 목적은 유럽 경제통합을 보다 더 강화하기 위하여 국제 커뮤니티에 구체적인 방안을 제시하는 데 있다. 기욤 알메라(Gillaume Almeras)에 의해 형태를 갖추게 된 이 저서는 경제 전문가인 위베르 베드린의 지적 뒷받침과 우정이 없었다면 오늘날 빛을 볼 수도 없었을 뿐만 아니라 파급 효과를 발휘할 수도 없었을 것이다. 매년 프랑스 지중해 지역의 주요 도시 중의 하나인 엑상 프로방스(Aix-en-Provence)에서 개최되는 세계적인 축제인 '오페라 페스티벌' 즈음에 프랑스 경제학자 클럽은 도시 이름을 따서 '엑상 프로방스 경제 회합'을 주관하고 있다. 그 경제 회합이 창설되었을 때부터 위베르 베드린은 주요 파트너가 되었으므로 누구보다 지중해를 잘 알고 있고 지중해를 사랑한다. 또한 위베르 베드린은 프랑스 공화국 대통령에 의해 경제관련 임무를 위임받아 프랑스와 세계화에 대한 연구해 오고 있었으므로 향후 지중해연합의 미래에 대한 경제학자 클럽의 연구에 대해 지정학적 전략과 전망을 제공해 줄 수 있을 것이다. 그리고 이 기회에 위베르 베드린의 우정 어린 공헌에 감사를 표하고 싶다.

프랑스는 지중해연합이 공식 출범함으로써 획득되는 이익이 있다. 이로써 경제학자 클럽은 '우리의' 바다에 관한 이야기를 통해 만나고 참여하려는 것이다. 결국 우리의 목적은 이 책을 읽는 독자들을 이 모험에 함께 참여시키는 데 있다.

프랑스 경제학자 클럽

'유럽과 지중해의 경제통합 : 공동의 계획인가?'
- 위베르 베드린

　유럽과 지중해의 공동 성장을 전략으로 내세우면서 경제학자 클럽은 지금까지도 붙잡을 수 없는 것으로 남아있는 지중해에 대한 매력을 간과하지 않았다. 이 경제학자 클럽에 속한 경제학자, 교수, 연구원, 은행가, 기업가, 분석과 통계에 정통한 전문가와 더불어 엑상 프로방스 최정에 회합의 놀라운 성공은 30여년 전부터 시도된 수많은 진취적 행동을 방해했던 정치, 경제 범주에서의 어려운 점을 온전하게 인지하고 특히, 1995년부터는 기대되는 결과를 제시하고 있다. 그들의 힘은 멈추지 않고 계속되어 어려움을 극복해왔으며 지역통합이 가져다 줄 이익을 구체적으로 드러나게 한다.

　결국 1970년대부터 해온 진취적 정책들은 인상적인 동시에 실망스럽다는 평가를 받고 있다.
　1972년부터 나온 '글로벌 지중해 정책'은 지속되지 못하고 이미 1990년에 무역, 협력, 관세통합에 관한 협정으로 '리노베이션' 되었다. 이후 1995년 11월 스페인 바르셀로나에서 제기된

'유럽과 지중해 간 파트너십'은 '오슬로 평화 프로세스'에서 결의된 낙관적인 내용에 준거하여 프랑스와 스페인의 주도하에 유럽연합 15개국과 남·동 지중해 12개국 간의 파트너십으로 참여하였다. 이 프로세스는 처음부터 단결된 결과를 도출해낸 것이 아니라 여러 해 동안 진행된 것이다. 1996년 MEDA 자본 도입은 2002년 '유럽과 지중해 간 파트너십과 (개별)투자 촉진'으로 발전되었으며 2010년 유럽연합 27개국과 지중해 10개국 간에 이루어질 자유 무역 지대에 대한 희망과 전망 속에서 점차 서명이 늘어났다.

이 지역에 대하여 더욱 정치적인 측면을 살펴보면 1990년에 창설된 '5+5대화'-서지중해의 지중해 이북 5개국과 지중해 이남 5개국으로 구성된-는 1983년 프랑수와 미테랑(François Mitterand) 대통령과 클로드 세이송(Claude Cheysson)에 의해 제안되었다. 이후 발전되어 1994년 지중해 포럼에서는 프랑스와 이집트의 공동 발의에 의해 11개국과 함께 공식 건의 되었다. 또한 북대서양조약기구(NATO)와 유럽안보협력기구(OSCE)의 틀 속에서 다양한 대화가 오고 갔다.

한편 2003년 유럽 집행위원회 의장인 로마노 프로디(Prodi)가 제안한 '유럽 이웃정책'은 유럽연합에 가입되지 않은 동·남 유럽국가들을 위한 것이다. '유럽과 지중해 간 파트너십'과 '유럽 이웃정책'의 재정을 담당할 기구는 2004년에 채택되어 2007년부터는 MEDA에서 교대로 담당할 것이다.

그러나 이런 엄청난 활동들은 프랑스의 대다수 주요 기업이나 혹은 남유럽 국가가 마그레브 여러 국가에 투자하는 등 모든 종류의 파트너십을 전개했다 할지라도 아직 그 결과는 입증되지 않았고 여러 측면에서 충분하지도 않은 실정이다.

앞으로 나아가기 위하여 왜 그런지 이해할 필요가 있다.

첫째, 그동안 지중해에 대한 관심은 특히 남유럽-프랑스, 스페인, 이탈리아, 그리고 몇몇 나라-의 지식인, 기업 총수, 국가수반, 정치가, 국회의원이 중심이었다. 유럽연합 나머지 15개 회원국과 더 확대하여 27개국 회원국인 유럽연합은 결코 지중해를 우선순위로 고려하지 않았기 때문이다. 유럽연합 회원국은 1994년 말 12개 회원국에서 15개국으로 확대되어 주요 의제 발의 회원국 역내 우선권이 있고 대략 3~4개국은 예외로 남겨져 있는 상황이지만 2004년엔 중앙·동 유럽 국가들로 확대되었다. 한편 가장 관련이 있는 지중해 이남 국가들은 지중해 관련 정책 발의 방안 중 어떤 것도 건의하지 않았고 의견을 요청받지도 못했다. 그들은 그들 사이의 논리적인 통합 없이 오직 국내 문제에 대한 관심이 주였다.

둘째, 바르셀로나 프로세스는 근동지역 평화과정에 대한 낙관적인 마인드와 글로벌 차원에서 출발하였으나 수직적으로 멈춰 버렸다.

셋째, 지중해 이남 국가의 경제 개방으로 생겨난 정치 · 사회 · 경제 문제와 유럽 경제 틀 속에서 증대된 통합은 심각하게 과소평가 되었다.

넷째, 세계화 덕분에 지중해 이남 국가는 중국, 걸프만 국가, 그 외 다른 국가와 더불어 재정적인 사안, 파트너십, 협력을 위한 여러 가능성을 열어놓게 되었다. 에너지 가격의 등귀로 말미암아 지중해 이남 여러 나라는 에너지 수요자가 되기에 어려움이 있었다. 이로써 유럽연합이 제안하는 것은 언제나 경제 · 정치적 요건을 갖춰야 하므로 모든 측면에서 유럽의 제안을 끌어당기는 데에는 부족했던 것이다.

다섯째, 지중해 이남 국가는 아랍 국가이다. 몇 십 년 동안 그들의 주된 관심은 글로벌(근동, 미국정치, 극우이슬람주의자들의 압박)인 동시에 자국 내 고유의 문제에 중심을 두었다. 마그레브 국가들은 이미 18년 전에 선언된 그들의 연합체인 마그레브 아랍연맹을 추진하지 않았다.

현 시점에서 유럽과 지중해 간 관심을 더 현실적으로 활성화할 필요성과 기회, 행운을 평가해야만 하는 마인드를 가지고 위의 요소들을 결부시킬 수 있다. 게다가 정치, 경제 그리고 새로운 요소들도 있다.

정치적인 측면에서 살펴보면, 사르코지 대통령의 지중해연합 관련 제안은 혁신적이다 -게다가 프랑스 대선에 출마한 주요 후보자들 모두는 지중해를 주요 사안으로 다루었다. 그 제안은 지중해를 '위한' 유럽의 정치 사안이라기보다는 지중해의 남과 북 연안이 공동으로 만들어가는 구체적인 계획과 정치 사안이다. 이러한 접근 방식은 그동안 이어온 유럽의 의사진행방식인 간섭주의를 약간 탈피하는 것이다. 프랑스 대통령이 공식 건의한 결과가 어떻든지 간에 현 '파트너십'을 다시 끌어들이지 않고 이 새로운 마인드를 벗어난 유럽과 지중해 간 미래 계획은 없을 것이다.

경제적인 측면에서 살펴보면 경제학자 클럽이 그리는 전망은 열정적이며 그들의 방법론에 의해 새로운 요소를 불러올 것이다. 그들은 성공한 지역 경제통합 모델(일본/중국, 미국/중남미, 독일/중앙·동유럽)에서 영감을 받는다. 바로 서지중해를 중심으로 활동하고 '5+5' 대화를 통해 유럽 5개국은 0.3%의 추가성장 이익을 이끌어내며 지중해 5개국은 1.5% 성장에 도달할 것이다. 이 지중해 지역에 집중하는 이유는 5+5 대화와 그 파급효과인 32개국을 창안한 추리적 관점에 박차를 가하는 것은 좋은 일이기 때문이다. 경제학자 클럽은 4개의 주된 분야인 농업, 에너지, 섬유, 직업교육을 중심으로 검토하며 주된 분야 각각을 위한 더 세부적인 계획을 제안하고 향후 개선될 재정 상황을 상상한다. 또한 발전이 가능한 지역 전략을 주장하고 도달해야 할 인적 유입 재균형과 같은 오늘날 실패한 부분에 대한 의견들을 최적의 기간 내에 꿈꾸게 할 수 있다. 유럽과 지중해 간 이 위대한 그림이 바람직하고 명백해지기 위하여 경제학자 클럽은 지금까지 근본적인 결점이 되는 어려움을 극복하는데 도움을 줄 수 있을 것이다.

이 보고서는 지중해 이남 뿐만 아니라 유럽의 가능한 한 많은 경제·정치 책임자, 지도자도 반드시 읽어야 할 필요가 있다. 왜냐하면 그들이 세워나가는 모든 지중해인을 위한 유동적인 전망을 '함께' 하기 위하여 그리고 공동의 계획과 공유할 미래를 기대하고 창출해 내기 위하여 필요하기 때문이다.

≪약자 및 축약어≫

AFD Agence française de développement 프랑스 개발청(프랑스대외원조기구)
Alena Accord de libre-échange nord-américain 북미자유무역협정
AMI Agence mauritanienne d'information 모리타니아 정보부
APEC Asia-Pacific Economic Cooperation 아시아 태평양 경제 협력체
ASEAN Association des nations du Sud-Est asiatique 동남아시아 국가 연합(프랑스어로 ANASE)
ATV Accord relatif aux textiles et vêtements 섬유·의류 협정
BAD Banque africaine de développement 아프리카 개발 은행
BEI Banque européenne d'investissement 유럽 투자 은행
CEDEAO Communauté économique des Etats de l'Afrique de l'Ouest 서아프리카 국가 경제 협력체
CEPAC Centre de parrainage et d'accompagnement continu des créateurs d'entreprise 기업 상시 지원센터
Comelec Comité maghrébin de l'électricité 마그레브 전기 위원회
Coface Compagnie française d'assurance pour le commerce extérieur 프랑스 무역 보험 회사
FBCF Formation brute de capital fixe 고정 자본 총체 조합
Fed Federal Reserve System(banque fédérale des USA) 연방 준비 시스템(미 연방 은행)
Femip Facilité euroméditerranéenne d'investissement et de partenariat 유로-지중해 간 투자 및 파트너십 기금(유럽투자은행 산하)
IDE Integrated Development Environment 통합개발환경
ISPS International Ship and Port Facility Security Code 국제 선박 및 항만 시설 보안 규칙
MEDA Mennonite Economic Development Associates 메노파 경제 개발

협회

MENA Moyen-Orient et Afrique du Nord 중동 및 북아프리카
Mercosud Marche commun du Sud 남미 공동 시장(프랑스어로)
Mercosur Mercado commun des Sur 메르코수르; 남미 공동 시장(스페인어로)
MIGA Multilateral Investment Guarantee Agency 국제투자보증기구
OMC Organisation mondiale du commerce 세계무역기구(영어로 WTO)
OEMTH Organisation euroméditerranéenne du textile et de l'habillement 유로-지중해 간 섬유 및 의류 기구
OME Organisation des méditerranéenne de l'énergie 지중해 에너지 기구
OPEP Organisation des pays exportateurs de pétrole 석유 수출국 기구
PAC Politique agricole commune 공동농업정책
PECO Pays d'Europe centrale et orientale 중앙 및 동유럽 국가
PEM Partenariat Euroméditerranéen 유로-지중해 간 파트너십
PPM Pays partenaires méditerranéens 지중해 회원국
R&D Recherche & Développement 연구개발
SFI Société financière internationale 국제재정회사(영어로 IFC)
SICAR Société d'investissement à capital risque 위험부담자본 투자회사
SSII Société des services en ingénierie informatique 정보 엔지니어링 서비스 회사
TH Textile-Habillement 섬유 및 의류
TIR Transport international routier 국제도로교통
UMA Union du Maghreb arabe 아랍 마그레브 연맹
UMEOA Union économique et monétaire ouest-africaine 서아프리카 경제·통화 연맹
PUND Programme des Nations unies pour le développement 유엔 개발 프로그램
USD United States Dollar 미국 달러

서 문

먼저 용어에 대한 문제제기를 해보자. 지중해에 관해 언급한다는 것은 시간 개념 속으로 들어가야 한다는 점과 오랫동안 드러나지 않았던 지중해 문제가 시급해졌다는 것을 의미한다. 그 문제란 '지중해'라는 용어가 동질의 공간으로만 한정되는 것은 아니라는 점이다. 지중해는 정치적으로도 한정지을 수는 없다. 왜냐하면 근동과 중동에서 일어나는 분쟁은 지중해라는 공간에서 벗어나 있지만 지중해와 밀접한 관련이 있기 때문이다. 또한 경제적인 측면에서도 한정 지을 수 없다. 이집트, 요르단, 터키는 이 지역 협력 프로세스인 바르셀로나 프로세스 회원국 중 가장 넓은 면적을 가지고 있고, 인구수와 총생산량에서도 1/3 규모를 차지하고 있음에도 지중해의 역사·문화적 표현인 '우리의 바다'를 향해 우선적으로 관심을 두고 있지는 않다는 점이다. 반면 리비아는 수십 년 전부터 스스로 지중해에 몰두해왔다. 문화적인 면에서도 한정지을 수 없다. 이집트 영화가 전 아랍세계를 휩쓴다고들 하지만 '발리우드'가 누리는 성공만큼 유럽에서 기대하기는 어려운 현실이기 때문이다.

그렇다면 '지중해'라는 용어대신에 '마그레브'라고 부르는 게

나은가? 마그레브는 북아프리카란 개념과 견줄 수 있기는 하지만 예를 들어 시리아를 배제시켜야 되는 것처럼 매우 제한적인 개념이 된다. 또한 마그레브는 지나치게 프랑스적인 이름이다. 예를 들어 북아프리카에서 자원 규모가 서로 다른 모로코, 알제리, 튀니지를 마그레브 하나로 묶어 버리려는 과거 프랑스의 관습으로 보여진다.

따라서 '지중해'라고 부를 수 밖에 없다. 그렇다면 지중해를 어떻게 논할 것인가? 몰타와 키프로스는 이미 유럽에 속한 나라가 되었다. 터키는 유럽연합 가입을 동경했지만 사실상 유일하게 심사숙고 대상에서 제외되었다. 이스라엘의 경우는 개발수준이 거의 이웃국가들과 유사하지 않다. 그래도 여전히 의문은 남아있다. 지리적으로 살펴보면 지중해 지역인 북아프리카는 리비아를 제외하고 프랑스의 영향을 받았다. 게다가 이집트와 근동은 중동을 향하고 있다. 결국 모로코에서 시리아까지 오래지않아 5억 인구를 지니게 되는 그들은 아랍 세계라는 틀 속에서 오히려 지중해 정체성보다는 더 강력한 연합 체제를 협의할 수 있다. 그러므로 우리는 그곳을 간과하지 않는다. 이렇듯 유럽연합은 유럽과 지중해간 통합을 향한 전망 뒤에 아랍 세계를 진정한 파트너로서 만드는 것과 지중해 지역의 안정 번영을 이루고자 하는 목적이 있음을 단언하고 있다. 특히 지중해 통합에 관한 논점은 경제 분야 틀 속에서의 통합이 목적이다.

어쨌든 이토록 방대한 전망을 다 이해하기는 쉽지 않으며 실제 활동에서는 유럽과 지중해 통합에 가장 직접적으로 관련 있는 국가들만을 고려하는 편이 훨씬 낫다. 이 직접관련국은 1990년에 만들어진 '5+5' 그룹으로 지중해 이북의 스페인, 프랑스, 이탈리아, 몰타와 지중해 이남의 모로코, 알제리, 튀니지, 리비아이다. 또한 지리적인 면에서 지중해 국가는 아니지만 지중해에 대한 높은 관심과 문제제기를 하는 공동체에 속한 두 국가인 포르투갈과 모리타니아가 포함된다. 우리는 이러한 초안을 기반으로 지중해 이남 국가의 발전이 지역경제통합을 통한 유럽 경제성장에 새로운 활력소가 될 절호의 기회라는 야망을 드러낸다. 따라서 이 책은 니콜라 사르코지 프랑스 대통령에 의해 공식 건의된 '지중해연합'에 대한 전체 윤곽을 정의내리고자 한다. '지중해연합'이란 용어는 2003년 3월 유럽집행위원회 전 의장인 로마노 프로디가 이와 관련하여 마그레브 국가를 지칭하며 '연합보다는 더, 그러나 동맹보다는 덜' 보장하는 것으로 언급한 것에서 따왔다. 전체적으로 볼 때 우리는 '5+5' 틀 속에서 우리의 제안을 결연히 수행하고 지중해 이북과 지중해 이남 국가 간에 '보강된 연합'이라는 개념정의로 그 구체적인 내용을 부여하고자 노력한다.

그동안 지중해에서는 경제와 재정관련 주제에 밀려 환경, 문화, 안전관련 양상을 다루지 않았다. 이로써 본 저서는 유럽과 지중해 간에 존재하는 문제들을 종합적이고도 완전하게 다루는 비망록이 될 것이다. 동시에 우리가 지중해 관련 문제에서 유럽 통합 기회를 입증할 야망이 있다면 우리의 분석은 통찰력 있는 것으로 평가받을 것이다. 우리는 지중해 양쪽 모두에게 공동의 과거사 또는 분쟁 해결을 위한 위급한 상황에 대해 선의를 상기시키고 주요 논쟁을 위해서는 너그러운 양식을 취할 것이다. 더욱 명확하게 얘기하자면 우리 생각에는 유럽과 지중해 간 통합 실현이 필연적이지도 필요하지도 않은 것처럼 보인다. 따라서 이 저서에서는 그러한 기회가 간과된 채 지나칠 위험을 정확하게 알리고 싶다는 점이다. 현재 공동 성장을 위한 조건들은 합일되지 않았지만 향후 창조되거나 보강될 것으로 알려져 있다. 우리는 이러한 시각에서 많은 조언을 할 것이다. 바르셀로나 프로세스 협력의 틀 속에서 수행된 것을 간과하지 않으면서 바르셀로나 프로세스를 계승한 지중해연합은 더욱 보강되어야 한다는 사실을 촉구할 것이다.

제1부
유럽과 지중해 : 공동의 성장 전략을 위하여

Chapitre 1 지중해의 중요성

1.1. 간과할 수 없는 발전의 잠재성
1.2. 거시경제 지수(agregats)
1.3. 인구문제
1.4. 유럽 기업들을 위한 '새로운 국경'

Chapitre 2 바르셀로나의 정신

2.1. 바르셀로나 프로세스에 의해 이해 정의된 협력의 틀
2.2. 지중해 이남의 경제통합 의지

Chapitre 3 지역통합의 전망

3.1. 일본과 중국
3.2. 미국과 중남미
3.3. 독일과 중앙·동유럽 국가들
3.4. 프랑스와 지중해 연안(bassin)

제1부 | 유럽과 지중해 :
공동의 성장 전략을 위하여

Chapter 1 지중해의 중요성

　명백하고 단순한 사실에서 출발해야만 한다. 오늘날 지중해 국가들은 서로에게 관심이 별로 없어 보이며 유럽 투자가들도 이 지역에 대한 매력을 잘 알지 못하고 있는 듯 보인다. 비록 우리가 생각하는 것 보다 더 많은 국가가 지중해 지역에서 활발하게 활동을 하고 있을 지라도 그것을 이 지역에 대한 명백한 관심이라고 보기는 어려우며 집중적인 쇄도도 분명 아니다.

　이러한 상황에 대한 이유를 이해하려고 해야 하며 그러한 상황을 어떻게 역전시킬 수 있는지를 겨냥해야 한다. 이러한 관점에서 보면 마그레브 5개국은 무시할 수 없는 잠재성을 지닌 개발지역이며 이 국가들은 현재 모든 상황을 감안할 때 수치로 드러난 전망이 아니라 특수한 전망임에도 불구하고 유럽 기업들에게 '새로운 시장'으로 자리매김하고 있다.

1.1. 간과할 수 없는 발전의 잠재성

마그레브 5개국(알제리, 모로코, 튀니지, 모리타니아, 리비아)의 총 GDP는 1,440억 달러이다. 반면 지중해를 중심으로 그들과 마주보고 있는 북지중해 5개국(프랑스, 이탈리아, 스페인, 포르투갈, 몰타)의 총 GDP는 대략 34,000억 달러로 약 25배 차이가 난다. 다른 한편 인구를 기준으로 살펴보면 그 차이가 1~2배 정도로 간격이 좁아진다. 바로 지중해 이남 5국은 7,700만 명이고 지중해 이북은 17,400만 명이기 때문이다. 일인당 GDP는 모리타니아가 550달러, 튀니지는 2,071달러, 리비아가 5,029달러이며, 연간 20,000에서 25,000달러인 지중해 이북과 비교된다. 구매력의 등가를 달러로 환산해서 살펴보면 일인당 소득은 2001년 기준으로 모리타니아가 1,990달러 모로코는 3,600달러 알제리는 6,090달러 튀니지는 6,390달러 리비아는 7,570달러로 지중해 이북 5국의 평균인 20,632달러와 비교할 수 있다. 지중해 이북 5국 중 몰타를 제외하면 평균 22,500달러 수치이다.

이러한 글로벌 통계를 정확하게 측정하기 위해서는 여러 다양한 기준을 적용해야만 한다.

첫째, 일인당 GDP로 대변되는 지중해 이남의 생활물가지수 성장률은 20년 전부터 조금씩 향상되어 왔다. 이제부터는 대략 연간 2% 성장률을 기록하고 있는데 이는 지중해 이북 성장률에 근접한 수치이다. 오늘날 '경제신흥국'의 평균 성장률이 6%에서 8%인 것을 감안하면 더욱 성장 가능성이 남아 있다.

둘째, 유엔의 개발프로그램(PNUD)에 따르면 지중해 이남 국가의 인적자원개발지수(HDI)는 점진적으로 향상되고 있다. 이 지수는 삶의 조건 특히 수명과 교육 향상을 의미하는 것이며 물론 이러한 수치는 각 국가 내에서 또는 국가 간 불평등한 방식으로 분류되고 있기는 하다. 예를 들면 모로코는 전체 인구의 20%가 하루 2달러 이하로 살아가고 있으며 인구의 절반은 문맹이고 총 인구의 60%는 의료혜택을 받지 못하고 있으며 53%는 전기를 사용하지 못하고 있다.

셋째, 1960년 지중해 이북 5국은 지중해 이남 5국보다 4배의 인구를 지녔다. 반면 오늘날 지중해 이북의 인구는 7,700만 명인 지중해 이남의 2배이다. 세계은행보고서에 따르면 이민을 제외한 마그레브 전체 인구는 2060년과 2070년 사이에 지중해 이북 인구를 초월할 것으로 전망되고 있다. 현재 모로코 인구의 40%는 15세 미만이고 21세기 초부터는 이전의 급속한 성장률과 달리 비교적 완만한 인구 성장률로 선회했지만 1990년과 2000년 사이에 연간 평균 2.2%로 성장했다. 경제활동인구인 20세에서 60세까지를 비교하면 현저한 차이가 있을 것이다. 지중해 이북의 경제활동인구는 현재 줄어들고 있는 반면 지중해 이남은 2030년경에 그 수치가 완만해지기 전까지는 매우 빠르게 성장할 것으로 전망되고 있다. 또한 2040년부터는 남쪽의 활동인구가 북쪽을 추월할 것으로 예견되고 있는 실정이다.

넷째, 실업률은 일반적으로 지중해 이남 국가가 두 자리 수치를 기록한다. 우선적으로 청년 실업률-알제리 실업자의 75%가 30세 미만이다-과 도시거주 청년 실업률-15세에서 24세 모로코 도시거주 청년 실업률은 34.2%이다 그리고 고학력 청년 실업률이 매우 우려될만한 수준이다.

다섯째, 인플레이션은 몇 년 전부터 지중해 이남 국가에서도 주춤하는 상황이다. 이제는 인플레이션이 지중해 이북 국가와 매우 흡사한 수준이다.

여섯째, 포괄적으로 살펴보면 지중해 이남 국가들의 무역은 평균적으로 균형을 이루고 있는 상황이다. 물론 개별 국가 사이의 주요 간격은 존재한다. 예를 들면 리비아와 알제리는 초과하고 있고 모로코와 튀니지는 적자를 기록하고 있다. 그 현실은 이 지역의 주요산물인 탄화수소에 의해 폭넓게 가려져 있다고 해도 과언이 아니다. 마그레브 국가들은 소비하는 '모든 것'을 기초소비재 이상으로 수입에 의존한다. 결국 서비스 산업과 중간재화 수출이 개발된다면 천연자원 수출과는 경쟁이 되지 않을 것이다.

1.2. 거시경제 지수(agregats)

1인당 GDP의 비교성장률을 검토해보면 최근 몇 년 동안 지중해 이남 국가의 상황이 긍정적인 순회복을 기록하고 있음에 주목할 수 있다. 7년 전부터 지중해 이남의 경제성장 덕분에 지중해를 둘러싼 이 두 그룹 사이의 경제성장 간격이 사라졌다고 평가받기도 한다.

1990년대 초부터 이어온 지중해 국가들의 괄목할만한 성공으로 이 지역 인플레이션은 강력하게 감소되었다. 평균율은 1992년 18%에서 2000년에는 2% 이하를 기록하고 있다. 1992년에서 1996년과 1997년에서 2001년의 평균 인플레이션 수치를 비교해보면 특히 알제리에서 인플레이션 감소가 부각됨을 알 수 있다. 많은 경우를 감안해보면 이러한 과정은 정확한 통화정책에 기인한다. 고정환율제 확대방안과 예산적자 억제방안을 기반으로 한 통화성책을 유지하고 반면 국제시장에서 대다수 수입품 가격수준은 유리해지기 때문이다.

마그레브 국가들의 무역은 최소한 그 잠재성을 고려해볼 때 이 지역성장의 결정적인 원천이 되고 있다. 결론적으로 수입과 수출 총액은 2000년도 지중해 이남 GDP의 60%를 상회한다. 튀니지와 리비아는 이 지역에서 경제가 가장 개방된 곳이며 각기 GDP의 85%와 80%가 개방된 시장이다.

유럽연합은 마그레브 국가의 최고 무역파트너이다. 마그레브 국가와 유럽 간의 무역은 1990년에서 2002년 기간에는 53% 성장했고 1985년에서 2002년 기간을 기준으로 보면 65%로 성장했다. 이러한 성장은 마그레브 국가와 유럽연합 간의 협정체결에 의한 무역 확대로 구체화되고 반영된 것이다. 유럽연합은 1995년 튀니지와 무역협정을 체결하였고 1996년엔 모로코, 그리고 2002년 4월 알제리와 무역협정을 체결하였다. 그 상호협정은 생산성 향상에 기여하기 위해 관세 철폐로 가격경쟁력을 얻는 것을 골자로 하였다.

또한 유럽연합은 마그레브 5국의 최고 해외직접투자자이다. 그러나 이 두 지역은 지리적·언어적인 근접성에도 불구하고 유럽연합이 지중해 지역에서 행하는 통합개발환경(IDE)은 세계 다른 곳에서 유럽연합이 실천하는 통합개발환경과 비교할 때 취약한 편이다.

1.3. 인구문제

과거 마그레브 지역의 인구는 급속한 성장을 이루었다. 특히 1980년에서 2000년까지 2.8% 성장했고 1990년에서 2000년엔 평균 연 2.2%로 성장했다. 반면 지중해 이북 인구와 유럽지역 인구는 동일한 시기를 기준으로 대략 0.3% 성장함으로써 인구 성장세가 둔화되고 있는 실정이다. 최근 마그레브 인구 증가율 역시 둔화세인 것으로 관찰되고 있다. 1995년부터 연간 출생율이 모리타니아 1.2% 리비아 2% 알제리 2.3% 모로코 1.9% 튀니지 1.9%이며 순감소율로 기록되었다.

  세계은행보고서에 따르면 마그레브의 성장률은 2060년에서 2070년 미래에는 유럽 국가 수준에 도달될 것으로 예견되고 있다. 특히 이러한 예측은 유럽5국의 인구 노령화에 기인한 낮은 경제성장률로 설명된다. 유사한 가설에 따르면 경제 활동인구인 20세부터 60세의 유럽 인구는 감소되고 있는데 이러한 현상은 2070년에 가장 최악의 상황을 맞이하게 될 것이라고 한다. 결국 지중해 이남의 고학력 청년실업과 함께 지중해 이북의 인구 부족현상은 깊이 성찰해야 되는 문제점으로 평가받고 있다.

1.4. 유럽 기업들을 위한 '새로운 국경'

  베를린 장벽이 무너지자 지중해 이남 국가들의 공기업과 민간기업 수장들은 두려워하기 시작했다. 유럽기업들이 인근의 동유럽 국가에 투자를 집중하고 지중해 이남 국가들을 잊어버리는 것은 아닐까? 이러한 두려움에 대한 구체적인 근거는 없었다. 사실상 지중해 이남 국가와 동유럽 국가 이 두 그룹은 국제투자가들에게 동일한 수치의 그래프로 표시되지는 않는다. 바로 '견인력은 동일하지 않다'는 의미이다. 어느 한 지역은 유럽기업의 '새로운 시장'으로 개방될 수 있다. 왜냐하면 유럽의 '노후화된 시장'은 이미 포화상태이며 낮은 경제성장률, 높은 생산품가격, 기업활동을 위한 엄격한 규제와 회계법으로 인해 종종 투자를 단념하게 하기 때문이다. 유럽연합이 동유럽으로 확장되면서 개방된 이 '새로운 국경'은 향후 지중해 이남에 개방될 '새로운 국경'과 동일한 맥락을 형성하진 않을 것이다.

중앙·동유럽 국가(PECO)는 투자가들에게 현지화 경영원칙에 대한 우선권을 부여하고 있으므로 지중해 이남 국가들이 경쟁할 수 없다는 점이 염려되는 부분이다. 우선 이미 산업경험이 풍부한 숙련된 노동력은 쉽게 직업 재교육이 가능하고 저렴한 시장 형성도 가능하다. 다음으로 서유럽보다 덜 갖추어진 완성도를 보이는 섬유산업은 중요한 예외적인 부문인데 예를 들어 슬로베니아처럼 소생 가능한 연구개발(R&D)로 새로운 기업가와 기업의 민간화-종종 기업 민간화의 수익자들-에서 파생된 기회로 기업에서 전권을 양도받고 외국기업들과 '전략적 파트너십'을 구축할 수 있을 것이다. 결국 여전히 구매력이 낮은 소비자들을 빠른 속도로 양산하게 될 것이다.

이러한 요인들을 고려하여 볼 때 통합개발환경(IDE)의 기회는 많아질 것이다. '수평통합 스키마'에 따르면 중앙·동유럽 국가 (PECO)는 국내의 생산단위에 집중적으로 통합개발환경(IDE)을 조성하기에 유리한 조건이 된다. 바로 생산라인의 탈현지화에 의한 재생산을 의미하는 것이다. 중앙·동유럽 국가(PECO)는 오늘날 '수면위로 떠오르는 경제에 거의 동화될 수는 없으나' 30년 정도 시간차가 존재하는 서유럽과 비교될만한 사회, 경제 특성을 제공할 수는 있을 것이다. 결국 유럽은 동쪽으로 생산라인의 거의 전체를 슬그머니 옮기는 것이 가능한데 왜냐하면 그 전제조건은 이미 제시되었고 최소한 잠재적으로 표명할 것이기 때문이다. 이로써 경제효과를 더욱 높이기 위해서는 중요하지는 않지만 적응하는 작용이면 충분할 것이다. 그 적응작용은 지중해 이남 국가보다는 단시일 내에 도달하기가 더 쉬울 것이다.

명확한 사실은 중앙·동유럽이 유럽에 제공하는 장점은 유럽의 지중해 이남을 향한 투자기회에 있어서 실제적인 경쟁구도를 갖지 않는다는 점이다. 왜냐하면 투자의 형태가 같지 않기 때문이다. 통합개발환경(IDE) 하에서 보면 중앙·동유럽과 지중해 이남에서의 계획은 제한적이며 고정재고량이 있듯이 한 곳에서 만드는 모든 투자가 다른 곳에서는 실현이 되지 않는다. 그들 사이를 조정하는 무가치한 게임으로 추론되는 것을 비켜설 필요가 있기 때문이다. 강조해야 할 사실은 세계화에 대한 내용이 빈약한 비전-불행하게도 현실일지라도-을 거부하는 것이다. 모든 나라는 비교 가능한 위상에 대해 동일한 이름으로 부추기는 경쟁 속에 참여해야만 한다. 마치 국경개방은 기회의 증대를 가져오기보단 시장의 강력한 억제를 야기할 수 있다. 한편 투자의 다양한 가능성이 있다. 지중해 이남에서 개방되는 시장은 비교할 수 없는 다른 지역과 조목조목 비교할 것이 아니라 이해해야만 한다.

따라서 만일 중앙·동유럽 국가(PECO)가 수평통합논리를 존중하는 투자 전망을 제공한다면 마그레브는 '수직통합'에 대한 전망을 언급할 필요가 있다. 수직통합에서의 투자는 수평통합개발환경의 경우처럼 연속적인 총 가치전망에 우위를 두지 않고 간혹 세그먼트와 관련이 있다. 경제는 운송비를 대수롭지 않게 여기는 상황에서 현지화에 대한 절대적 우위를 제공하게 된다. 바로 이탈리아에서는 대리석을 채굴하고 모리타니아에서는 대리석을 가공하며 런던에서 상업화시키고 미국에 수출할 수 있는 것이다. 생산품의 각 단계별 세그먼트는 독립적인 사고 요소들의 유연한 방식을 닮은 표준 스키마에 따라 최선인 현지화전략을 추구한다.

지역 성장에 대한 잠재성을 고려하여 경제 전략은 주요 논쟁거리가 될 수 있다. 튀니지 또는 모로코에서 진행된 '역외(오프쇼어)' 투자전략은 전체적인 맥락에서 유럽 경제속도에 맞춘 분야를 중심으로 이루어졌다. 제조업처럼 여성 노동력에 의존하는 분야인 단순 노동력이 넘쳐나는 약한 강도의 기술이 주를 이룬다.

결국 이러한 전략은 연속적인 가치의 모든 세그먼트에 관해 지중해 이남 국가에 의해 효과적으로 제공되는 탈현지화를 불충분하게 개발하게 된다.

결국 수직적인 통합개발환경(IDE)의 진정한 전략은 다음과 같은 논리를 따른다.

첫째, 진정한 전략은 외국기업에 대한 신원증명과 실제 산업지구를 구성할 수 있는 '능력의 축'인 지역 권력에 달려있다. 지역 권력에 의해 유지되는 전략은 개도국과 경제신흥국의 '클러스터'를 구축하여 전문 에이전시의 홍보대상으로 만들 수 있다.

둘째, 수직적 통합개발환경(IDE)은 다국적기업의 글로벌 전략에 참여한다. 다국적 기업은 생산거점을 비용이 저렴한 국가로 이전하여 고정간접비 특례를 통해 생산요소를 저렴하고 효율성을 극대화시키기 위한 아웃소싱과 탈현지화에 의한 최적 비용 추구를 위한 해외생산인 오프쇼어링을 통하여 거대 시장추구라는 시장전략(market seeking)을 결합하고 있다.

셋째, 이러한 전략은 진정한 세계 경쟁에 부응한다. 구성요소들은 연속 가치의 다양한 세그먼트를 위해 다양한 영역에서 개발되어져야 하는 임무를 지니고 있다. 이러한 의미에서 역할고정 공유를 필연적으로 추구하지 않는 수직적 통합개발환경(IDE)의 논리에 순종하는 분업을 강조하는 것이 중요하다. 지중해 이남의 하드웨어와 지중해 이북의 소프트웨어가 그렇다. 지중해 이북은 기초공사와 구상을 하고 지중해 이남은 실행하면 된다. 또한 이러한 전문화는 시작부터 우세할 수 있다. 오늘날 지중해 이남 경제는 중앙·동유럽 국가(PECO)의 발전수준에 미치지는 못하고 있지만 향후 상황은 진보적이다. 왜냐하면 중앙·동유럽에서 제공하는 해외생산에 대한 장점들은 수정될 것이기 때문이다. 유로-지중해 지역에 있는 국가들보다 이 경제지역에서의 노동임금이 더 빨리 오르고 있고 선점자 특히 독일과 오스트리아 기업들이 세운 진입 장벽은 '늦은' 기업들이 도달하는 데에 제동을 걸 것이다. 또한 경쟁은 이 경제지역안에 지배적으로 깔려있는 게르만 문화에 덜 적응되는 다른 기업들을 배제시킬 것이다. 결국 수평적 통합개발환경(IDE)으로 회기하고자 하는 노력은 프로세스를 약화시킬 수 있는 원산지 국가 안에서 제품의 생산한도를 생기게 할 수 있다. 결국 확대된 유럽연합 안에서의 경제에 대한 집중은 투자의 새로운 흐름을 중앙·동유럽 국에서 지중해 이남 국으로 향할 수 있는 것이다. 특히 무엇보다도 수직적 통합개발환경(IDE) 전략은 더 이상 하청 논리가 지배적이지는 않는다는 것을 이해해야 한다. 다국적 기업은 '파트너들'의 유연한 조직망을 통한 기본 위에서 생산을 지휘한다. 세계 경쟁시장에 반응하고 유동적이며 투자비용을 가능한 한 이월하고 모든 범위가 상승되는 곳은 신흥경제국이다. 한편 급속도로 버림받고 등급이 떨어지는 위험을 제외하고 세계적인 경쟁 수준에 발돋움해야만 하는 파트너들을 약하게 한다. 다른 한편 원산지 증명이 붙은 출자국에 투자할 때까지 국제사다리를 과시하기 위한 하청이라는 형태의 좁은 위상에서 빠져나올 수 있는 기회를 제공한다. 지중해 이북 경쟁기업들의 인도 정보통신 기업을 향한 관심어린 곁눈질이 대표적인 사례다.

다국적시장의 기업 글로벌 전략안에 지중해 이남국을 포함시키는 장점은 비유럽기업들 특히 앵글로색슨 기업들에게 더 빠르게 인식될 수 있을 것이다. 유럽 기업들보다 앵글로색슨 기업들이 글로벌 전략 전개와 외국 투자에 관하여 더 오랜 전통을 지니고 있다. 명확히 말해서 지중해 이남 연안을 향한 그들의 관심은 확대된 유럽 거대 시장을 더 수월하게 횡단하기 위한 도약판을 만든다는 전망으로 이해될 수 있다. 예를 들면 Alena의 틀 속에서 멕시코는 비미국투자가들에게 미국시장으로 진입할 수 있게 한다.

결국 수직적 통합개발환경(IDE)의 전망에서 자유 무역 협정은 제한수송, 상거래 비용, 재화, 서비스, 기술, 자본, 인적 교류가 진행됨에 따라 모든 중요성을 가진다. 이러한 관점에서 과거 유럽이 바르셀로나 프로세스의 틀 속에서 행했던 것처럼 미국은 2004년 6월 모로코와의 자유무역 협정처럼 지중해 지역에 관심을 표명해오고 있는 것이다.

Chapter 2 바르셀로나의 정신

지금, 1995년 바르셀로나에서 제기되었던 유로-지중해 간 파트너십(PEM)의 장기계획을 다시 세우려는 것은 아니다. 장기계획은 이미 여러 차례에 걸쳐서 만들어졌고 회원국들이 잘 이해하고 있는 부분이다. 요약컨대 바르셀로나 프로세스는 결정적으로 두 가지 점에서 취약해 보인다.

첫째, 1995년 이후 서명된 상호 협정서를 제외하고는 어느 누구도 법적으로 참여하지 않는다는 점이다.

둘째, 두 가지 주요 대경제사안인 농업과 인구유입에 관한 항목을 배제시켰다는 점이다.

상기의 두 가지 취약점은 다른 형태의 개선점으로도 거의 상쇄되지 않았다.

첫째, 유로-지중해 간 파트너십은 집중적으로 경제에 목표를 두었다. 그러나 지중해 이북과 지중해 이남의 소득 차이는 그 간격이 여전히 컸다.

둘째, 유로-지중해 간 파트너십은 지중해 이북과 지중해 이남 수장들 간의 공동 미래를 위한 비전을 겨냥했다. 그러나 동일한 시기에 중동지역 평화를 위한 프로세스가 멈춤으로써 토론을 무력하게 만들어 버렸다.

셋째, 유로-지중해 간 파트너십은 공동 인식에 대한 자각을 원했다. 그러나 지중해를 둘러싼 양 연안 국민들과의 관련이 많지 않았다.

넷째, 유로-지중해 간 파트너십은 다수 국가 간의 협상에 기대를 걸었다. 유럽 이웃정책과 지중해 이남의 여러 국가와 유럽연합 간 쌍무관계를 위해 안간힘을 다해 재빨리 재검토되어야 한다.

결국 유로-지중해 간 파트너십은 충분치가 않다. 적어도 존재해야하는 장점이 있다고 말할 수 있는가? 그렇게 말하기엔 근거가 많진 않다. 유로-지중해 간 파트너십은 종종 왜곡되기도 하지만 진정한 혁신을 가져올 것이다. 또한 유럽연합이 머지않아 다른 협력의 틀 속에서 모든 걸 확정짓는 것은 거의 상상할 수 없다. 그러므로 협정과 동일한 정신으로 재검토되어야 한다. 어떤 목표들은 지역통합전략의 틀 속에서 결정적인 요소로 남아있고 지중해 이남의 경제통합을 위한 의지를 염두에 두며 연장되어야 한다.

2.1. 바르셀로나 프로세스에 의해 이해 정의된 협력의 틀

일견 유로-지중해 간 파트너십은 놀라우리만치 '경제 치중주의'에 기반을 두고 있다. PEM은 지중해 이북과 지중해 이남 간의 시장근접 자유화와 경제 개혁을 향한 프로세스에서 출발했고 높은 수준의 집중단계에 도달할 수 있다는 신념으로 융합되었다. 경제개발, 인권, 주권, 민주주의, 글로벌 안전과 이민유입 억제는 단순하고도 자연스럽게 뒤따라오는 것처럼 보인다. 협정의 구체적인 항목들은 경쟁구도에 있는 미국의 다른 협정들과 차별화를 두어 최우선 목표로 고려하지 않는다. 미국의 광역중동주도안(Broader Middle East Initiative)은 2013년 중동에서의 자유무역 지대를 실현화하기 위한 선행조건으로 모로코에서 아프카니스탄의 여성인권, 역할, 선거과정 강화, 문맹퇴치, 미디어의 다원성을 목표로 두고 있다.

이러한 면에서 지중해 이남에 대한 미국의 태도는 종종 '간섭민주주의' 성향을 드러내고 있다. 반면 지중해 이남에 대한 유럽의 태도는 가장 엄격한 그리스정교회에서 마르크스주의까지 역내 경제력에 있어 신념 표명이 지나치게 관대해 보일 수 있다. 위의 태도는 실제 이익이 없을 위험이 도사리고 있다. 경제성장은 이 지역의 주요국들 중 두 나라를 근본적으로 반대하는 서사하라 문제를 해결해야만 진정한 효과를 볼 수 있는가? 터키의 유럽연합 가입이 키프로스문제 해결을 선행조건으로 두지 않고 고려될 수 있겠는가?

어쨌든 유로-지중해 간 파트너십이 유럽연합의 정치적 견해와 일치하지 않는 것이 아니라 유로-지중해 간 공동 결정에 따른다는 점을 염두에 두어야만 한다. 2004년 3월 유로-지중해 간 의회가 열렸다. 이러한 문맥에서 우리는 비록 접근이 명확하게 충분하지 않고 유럽 이웃정책을 야기했다 할지라도 경제발전에 관한 논의들이 편의에 의해 즉각적으로 우세하다는 것을 이해할 수 있다. 이러한 상황은 두 가지 유력한 관점을 만들어냈다.

첫째, 유로-지중해 간 파트너십은 최우선 효과로 지중해 이남의 외부 신용도를 전반적으로 보강하려는 기대를 가지며 기존의 유럽연합 국가들에서 뿐만 아니라 향후 참여하게 될 지중해 지역에서의 투자를 장려하는 것이다.

둘째, 자유무역지대를 규정지음으로써 지중해 이남 국가와 유럽연합뿐만 아니라 지중해 이남국 간에도 통합을 용이하게 할 수 있다. 유로-지중해 간 파트너십은 유럽연합의 영향 하에서 각 국가들을 통합하려는 '수레바퀴의 축과 살'과 같은 모델을 따르고자 한다.

따라서 유로-지중해 간 파트너십은 지역성장 전략이 지중해 이남 역내에서 성장해야 한다는 바탕 위에 이루어져야 한다. 세계경제를 향한 지중해 이남의 시장개방뿐만 아니라 유럽의 궤도 내에서의 통합도 포함하고 있다.

유로-지중해 간 파트너십의 현실적인 약점은 제시된 목표들을 지탱해주는 실천방법과 연관되어 보인다.

첫째, 유로-지중해 간 투자 및 파트너십 기금(FEMIP)을 통한 조력자의 논리에 따라 일방적인 자금 유출이 존재한다.

둘째, 경제규모가 착수시점에서 제한적이라는 점이다. 실례로 튀니지는 평균 연간 2억5천 유로 통합개발환경(IDE)에서 7억 유로 이상을 받고 총 보유액이 30억 유로이다.

셋째, 경쟁은 유로-지중해 간 파트너십이 출자하는 직접 투자 없이 그리고 계획을 탐색하기 위한 발의안을 제안하지 않은 채 국가 간 협정의 틀 속에서 이루어지고 있다.

넷째, 지역재원과 투자로 인한 풍부한 유통자본이 오늘날 지역에서 새어 나가고 있다는 점을 염두에 두지 않고 있다.

도달해야 할 길의 절반만 겨우 수행된 것처럼 보인다. 왜 지중해 이남을 개방해야 하는가? 위 질문에 대한 정답은 유로지중해(EuroMed)계획에서 제기되었고 바르셀로나 회의에서 확정된 세 가지 선행목표에서 찾아야 한다. 첫째, 경제개발에 박차를 가하기 위해서 둘째, 지중해 이북으로의 이민유입을 축소시키기 위해서 셋째, 인권 존중의 틀 속에서 평화와 안전을 구축하기 위해서이다. 많은 위협이 예상되는 이면에 지중해 이남 국경과 마주한 유럽은 가중된 근심을 깨닫지 못하는가? 공동 성장기회와 관련하여 굳은 신념, 안정, 평화를 자금으로 '사는 것' 그 이상을 상상할 수 있는가? 유로-지중해 간 파트너십은 원조논리 위에 구호와 경제분야에서 지중해 이남 국가를 고려해야되는 원칙으로 대표된 상기의 질문에 확고한 해답을 주진 않는다.

결국 바르셀로나 정신은 연장되어야만 한다. 다음의 측면에서 그렇다. 지역그룹을 양성하기 위하여 세계화라는 진부한 논리 안에서 유로지중해의 문제를 단호하게 언급하기 위해서는 차후 언급하게 될 Viner(Chapter 10)의 생각처럼 전통적인 개념에 비하여 오리지널 특성으로 보면 불평등하게 개발된 경제를 통합했다는 것은 사실이다. 충분히 강조된 것은 아니지만 지중해 이남 국가의 경제통합을 위한 의지와 관련된 사항임은 분명하다.

2.2. 지중해 이남의 경제통합 의지

글로벌화는 재정자금, 생산자금, 서비스, 재화 유통 등 전 분야에 깊이 관여하는 세계화의 모습을 하고 있다. 또한 1980년대 중반부터는 지역통합을 향한 흐름을 이끌어왔다. 지역통합은 유럽연합을 확대하여 심도 있게 다루어 나갔다. 또한 지역통합은 Alena, Mercosur, SCDAC, CEPAC, CEDEAO, UMEOA의 창설과 자유무역지대에서의 ASEAN 변형을 가져왔으며 유럽연합과 다른 국가 간, 지중해 이남 몇몇 국가 간 또는 더 많은 국가로 확대하였다. 한편 미국과 개발도상국 간, 모로코, UMA도 포함하여 자유무역 상호협정을 증가 시켜나갔다. 결국 유로-지중해 간 파트너십(PEM)을 통하여 유럽연합과 마그레브 3국을 포함한 지중해 이남 경제성장국 간에 서명된 자유무역 계약은 전반적인 시각에서 진보를 향한 항해를 진행하고 있다.

어쨌든 마그레브 국가에 의해 서명된 협정의 숨겨진 논리를 찾고자하는 우리의 제안은 중요하다. 왜냐하면 일견 이 협정들은 마그레브 국가에게 어떤 것도 가져오지 않을 수 있기 때문이다. 또한 마그레브 국가에게는 단기간 비용이 기대되는 이익보다 더 높은 것처럼 보이기도 한다. 게다가 마그레브 국가는 지역정치 대립으로 개발할 것을 잊어버리기도 한다.

결론적으로 1970년대 말부터 마그레브 국가는 준 면세혜택으로 자국 공장에서 제조된 물품을 유럽연합으로 수출할 수 있었다. 따라서 상호협정은 상기의 관점과 농산물의 수출면에서 볼 때 더 이상 가져올 이익은 없다. 반면 유럽연합에서 오는 수출품의 입국 면제 기간이 6년에서 12년으로 연장되었다. 이익이 되는 부분이 마그레브국인지 유럽연합인지를 상상하는 것은 어렵지 않을 것이다! 이 관점에서 브뤼셀에 본부를 두고 있는 유럽집행위원회는 불균형이 악화될 위험을 인식하고 지역 기업을 위주로 한 프로그램에 재정적인 뒷받침을 하고 있다. 강력한 유럽 파트너들과의 경쟁에서 견디어낼 수 있는 상황을 만들기 위함이다.

마그레브 국가가 이러한 불평등 협정을 받아들이는 것을 어떻게 이해할 것인가? 가능한 해석은 협정의 목적이 교역분야에서 벗어나 있다는 점이다. 왜냐하면 '상호교역 협정'이라는 명칭이 다차원의 세계화 시대에는 매우 오래된 용어로 비추어질 수 있기 때문이다. 현실적으로 볼 때 논의 중인 이 협정은 직접 투자와 재정 자본의 흐름에 대한 글로벌의 다른 차원보다 교역에 덜 관심을 가질 것이다. 따라서 자유무역 협정에 대한 서명은 교역의 자유화와 다른 목표들이 겨냥될 것이다. 마그레브 국가의 서명은 유럽기업의 참여를 부추길 수 있다. 또한 세계은행의 참여도 유치할 수 있다. 결국 서명은 경제의 엄정한 영역 이상을 겨냥할 수 있는데 유럽 공간에 정박하고자 하는 의지에 대한 과시로 외부 파트너들을 안심시키는 역할을 하고 자유민주주의 규칙을 따르는 높은 결단성을 보여준다. 오늘날 개발국들의 거의 대부분은 경제 '제국주의'에 대하여 더 이상 '단절' 하려고 하지 않는다. 세계화 속에 역할을 하려고 하는 의지는 세계정세에 동떨어지고 싶지 않다는 지배적인 사고가 존재한다는 점이다.

  이러한 배경 하에 유럽연합은 지중해 이남이 표명하는 통합에 대한 요구에 부응하지 않는다. 배척함으로써 세계의 한 부분을 거부할 위험이 있다. 또는 테러리즘에 대항하여 싸우고 덜 발전된 국가와 자유무역 지대를 확장하고자 하는 정치적인 속내는 오히려 미국에 기회를 줄 수도 있다.

  따라서 지중해의 목적은 중앙·동유럽 국가(PECO)가 제시하는 목적과는 완전히 다르다. 틀림없이 유럽연합을 위해서 더 결정적인 것이 드러날 것이다. 왜냐하면 지중해는 유럽과 연관되기 때문이다. 이제부터는 중동, 미국, 아시아와도 관련이 있다. 유럽연합은 지중해의 정식 근위병, 조직자, 권리조차도 생각할 수 없다. 동유럽 국가들은 유럽연합에 흡수됨으로써 종결된다. 우리는 단지 다른 역사를 고려할 수 있다. 반면 지중해 이남 국가와 더불어 유럽과의 단절은 표명된다. 현재 터키의 사례가 대변해주듯이 이타성은 극복되어질 수 없다는 것을 의미하지는 않는다. 그러나 모든 협력과 협회는 회원국들 사이에서만 개입될 수 있다. 유로-지중해 간 파트너십(PEM)의 다자간 틀은 궁극적으로 이러한 필요성에 부응한다. 지중해 이남 국가들은 유럽기업들이 현재까지 거부했던 땅을 제시해야 하는 지역통합 의지가 필요하다. 지중해 이남 국가들은 첫 지역통합 파트너인 유럽과의 대화를 통하여 개발에 대한 고유의 논리를 추구하는 하나의 세상이다. 지역통합의 전망을 겨냥하기 전에 이렇듯 지중해 이남의 경제통합 의지는 강조되어야 한다.

Chapter 3 지역통합의 전망

경제이론은 우리에게 두 나라 혹은 두 지역을 위한 시장을 개방하고 자신들의 비교우위와 생산율에 따른 보조금 이익, 성장 정도에 따른 산출액을 활용하면 상호 이익이 된다는 것을 가르쳐준다.

현실은 약간 더 복잡하다.

첫째, 개발도상국 측면에서 시장 개방에 대한 위험은 장기적인 성장과 기술의 진보, 인적자원 개발에 기여하지 않는 덜 독창적인 재화 생산에 전념하게 되리라는 점이다.

둘째, 선진국 측면에서 경제신흥국을 향한 탈지역화 활동이 손해를 줄 것이라는 위험이 감지된다. 더 이상 신제품을 개발하지 않고 더 독창적인 분야로 인해 소멸되는 부분을 담당하는 노동자를 쉽게 다른 직종으로 이동시키지 않을 위험이 있는 것이다.

상기의 경우에서는 어떠한 비교 우위도 국가들 사이에 진정으로 창조되지는 않는다. 왜냐하면 진정한 교역이 없기 때문이다. 한 국가는 생산지역을 쉽게 확대한다. 그것은 사회적인 난점을 수입하고 과소평가된 임무를 수출하게 된다.

결국 국경의 개방만으로는 충분하지 않다. 개방이 모두에게 이익이 되기 위해서는 진정한 교역과 공동 성장을 지닌 시장을 가능하게 해주는 기술, 인적자원, 재화의 이동이 동반되어야 한다. 지역통합이 유용해지기 위해서는 경제신흥국의 개방으로 인한 생산품에 대해 진정한 통합이 이루어져야 하고 기술과 인적 성과가 유익해야 하며 내수시장에 지속적인 신수요가 출현하여 사회적

· 세무적 덤핑의 결과는 아니어야 한다.

아시아에서 일본은 경제성장을 이룩하고 있는데 우선 1980년대에 한국과 싱가포르와의 교역에서 그러했고 향후 10여 년은 말레이시아, 필리핀, 태국이 그러할 것이다. 상기에 언급된 수직통합 모델을 따르면서 일본은 무엇보다도 산업생산 노동력에 가장 집중되는 단계로 탈지역화를 이루었다. 생산품에 대해 진정한 상호보완성은 무역존에서 창조되어져야 되고 세계경제의 문맥에서도 강조되어져야 하는 부분이다. 결국 생산품의 주안점은 무역존 밖으로 수출된다는 점이다. 일본이 고려해야 하는 것은 세계 공급 경쟁의 전망 속에서 산업의 외부생산을 염두에 두어야 한다는 점이다. 다음으로 아시아의 다른 국가들에 대한 가치 상승에 참여해야 한다. 지역통합은 더욱 수평적으로 진행되며 중국의 소비가 향상됨에 따라 이루어졌다.

3.1. 일본과 중국

1997년에서 2001년까지 전문가들에 의하면 일본경제는 내수시장에서 중국제품이 점점 더 공격적으로 침투함에 따라 붕괴될 것으로 예측했다. 2001년부터는 일본과 중국 양측 모두 무역흐름이 급속도로 진보하여 비교이익에 따른 지식경영을 반영해볼 때 상호 이익이 되는 방식으로 무역이 통합될 것으로 전망했다. 실제 1998년에서 2000년까지 중국으로부터 들여온 수입품은 일본에서 급속도로 성장했다. 2002년 초부터는 역으로 중국을 향한 일본 수출품이 높게 증가되었다. 중국을 향한 일본 수출품들은 지리적으로 다른 무역존을 향한 수출품보다 더 빠르게 성장했다. 수출품의 활동적인 재개는 일본의 내부 수요를 이끌고 수출부문에서 투자가 급증하게 되는 주요 요인이 되었다.

일본과 중국 간 무역흐름을 분석해보면 일본은 중국에 유리와 화학과 같은 산업 중간재, 설비재, 반도체, 그리고 자동차에 이르기까지 양적으로 점점 더 수출을 늘려가고 있다.

국가경쟁력의 본질은 무역균형에 있다. 일본에서는 설비재가 초과되고 중국은 소비재가 초과되는 현상으로 균형을 맞추고 있다. 이러한 특성화는 일본이 중국에 직접투자를 높이고 일본에서 제조된 특별한 '인풋'[1]과 설비재 주문이 요인이다.

반면 수입면에서 중국은 특히 미국과 유럽 국가 수출품이 일본보다 중국에서 더 취약한 상황이다. 따라서 일본은 중국의 중요 무역 파트너가 되고 중남미와 조합을 이룬 미국과는 달리 교역에서 더 이상 손실을 알지 못한다.

결국 일본과 조합을 이룬 중국은 상호 이익을 주는 경제·무역 통합의 첫 사례로 꼽힌다. 아시아 국가에서는 무역파트너인 일본

---

[1] 어떤 산업 부문이 재화나 서비스를 만들기 위해 원자재, 노동력 따위의 생산 요소를 투입하는 일

이 의심의 여지없는 버팀목이고 일본 역시도 내수 성장을 외부로 돌리는데 성공하였다. 미국은 중남미와의 교역에서 그러한 점에 도달하지는 못 한 듯하다.

3.2. 미국과 중남미

중남미를 향한 미국의 수출은 주춤하다가 2001년부터 침체하기 시작했는데 이전에는 급속도로 성장했었다. 1999년부터 중남미를 향한 미국 수출은 다른 지역 존을 향한 미국 수출보다 더 빠르게 진보하지는 않았다.

미국에서 수출과 성장 사이의 상호관계는 취약하다고 알려져 있다. 중남미 수출품에 대해 미국을 향한 수출은 유럽, 일본, 아시아를 향한 수출보다 평균적으로 볼 때 더 빠르게 성장하지도 않는다.

중남미측에서의 대 미 총수출과 수입은 1998년부터 침체되었고 미국은 대 중남미에 무역 이익이 증가하였는데 대 유럽, 대 일본의 경우와는 다른 것이다.

미국과 중남미 간의 이러한 무역 통합 침체는 아마도 모든 생산품이 적자인 미국의 산업 특성화 부재에서 기인한다고 평가된다. 반면 중남미의 설비재와 소비재에 대한 수입이 금지되어 있다.

명확한 사실은 다음과 같다.

첫째, 중남미에 대한 미국의 직접투자는 1998년에서 2001년 사이에 매우 중요한 사안이었다.

둘째, 미국과 중남미 간의 무역 통합 수준은 비록 2004년 이후로 더 이상 발전이 없다하더라도 매우 높은 수준이다.

결론적으로 미국과 중남미 간 무역 통합은 굳건했지만 더 이상 진보하지 않았고 국가 경쟁력의 개발과 성장의 의미에서 미국에게는 덜 이익이 되었다.

아시아에서의 일본 산업 전략과 같은 유사한 결과를 주진 않는다. 미국의 경제 통합은 진정한 생산적인 상보성에 도달하진 않았다. 필연적으로 무역에 있어 신속하게 한계점이 발견되었다. 결국 가장 역동적인 산업국인 중남미 국가는 세계시장에서 자국의 역내 좁은 시장의 틀에서 해방되는 통합을 통해 수혜를 받게 될 것이다. 다음은 독일과 중앙·동유럽 국가(PECO) 간 관계에서 더욱 불균형을 이루는 상황을 보게 될 것이다.

3.3. 독일과 중앙·동유럽 국가들

독일은 설비재, 자동차, 소비재와 중앙·동유럽 국가(PECO)의 개발단계에서 필요로 하는 전문화부문에서 국제적인 특성화를 이루고 있다.

충분히 자연스러운 방식으로 독일은 중앙·동유럽 국가와의 교역에서 미국의 두 배인 우세한 시장을 차지했다. 그러나 미국의 경우처럼 중앙·동유럽(PECO)에서의 독일 시장은 오늘날 정체되어 있다.

어쨌든 독일은 중앙·동유럽(PECO)의 성장이 향상됨에 따라 이익을 본다. 중앙·동유럽(PECO)을 향하는 독일 수출은 평균적으로 다른 국가들을 향한 수출에 비해 더 빠르게 성장하고 있다. 독일과 중앙·동유럽(PECO) 쌍방 간의 무역 흐름은 빠르게 성장하고 있다. 그러나 독일을 향한 중앙·동유럽(PECO) 수출은 미국이나 일본을 향한 수출보다는 덜 빠르게 성장하고 있다.

종합해서 보면 첫째, 독일은 중앙·동유럽 국가(PECO) 내에서 중요한 시장의 측면으로 이익을 보고 있다. 왜냐하면 이 국가들을 향한 수출은 급속도로 성장하고 있고 중앙·동유럽 국가(PECO)를 향한 무역흑자는 중요시되고 있기 때문이다. 둘째, 독일은 중앙·동유럽에 직접 투자하는 최고의 투자가이다. 셋째, 그럼에도 불구하고 독일과 중앙·동유럽 국가(PECO) 간 통합은 이제 멈추어진 듯 보이고 이 시장에서의 성장도 더 이상은 없다.

바로 비대칭 구조가 현저하게 나타나고 있기 때문이다. 이 지역에서의 통합은 특히 근접성과 적재를 용이하게 할 수 있는 면에서 독일에게 이익이 된다. 그 이상으로 새로운 입회자를 위한 실제 이익은 여전히 명확하게 현실화되지 않고 또는 이미 교역을 위한 참여는 많았지만 성장을 향한 힘찬 길로의 참여가 보이지 않고 있기 때문일 수도 있다.

3.4. 프랑스와 지중해 연안(bassin)

프랑스는 높은 성장이 가능한 경제 존을 찾는 것이 필요할 것이다. 성장 가능한 경제 존을 통해 프랑스는 합류할 수 있고 비교우위를 개발함으로써 프랑스에서의 내부수요만큼 투자계획을 실천할 수 있는 것이다. 일본, 독일처럼 프랑스도 이제 더 이상 수출품에 의지하는 경제성장을 끌어내는 데는 한계가 있다.

원칙적인 관점에서 프랑스와 같이 '늙었으나' 부유한 지역을 경제적으로 통합하여 상호 이익을 추구하는 것 또한 필요하다. 이러한 국가는 저축률이 높고 자본수익성은 약하므로 일인당 소득과 자본은 더 낮으나 인구 증가는 급속도로 높아 저축의 높은 수익성보장과 높은 성장의 판로가 가능한 다른 지역과 함께 통합하는 것이 이익이 될 수 있다.

독일은 중앙·동유럽 국가(PECO)와 밀접한 관계를 맺고 미국은 중남미와 일본은 중국과 경제 파트너를 이루며 프랑스는 지중해 연안국으로 눈을 돌릴 수 있는 것이다. 구체적으로는 마그레브 국가를 향한다고 볼 수 있는데 그곳은 일인당 소득의 달러화 기준으로 경제규모가 중국과 비슷하고 인구의 구성이 젊다. 프랑스에서 수출품의 3% 이하는 모로코, 알제리, 튀니지를 향해 나간다. 프랑스에서 중앙·동유럽 국가(PECO)를 향하는 수치와 대략 같다. 수입품에 있어서는 프랑스에서 전체수입품의 2.5%가 마그레브 3국을 통해 들어온다. 중앙·동유럽 국가(PECO)는 3%이고 중국은 3.5%를 기록하고 있다.

결국 프랑스는 두 가지 취지에서 알제리, 모로코, 튀니지의 중요 무역 파트너로 남아 있다. 이 국가들은 프랑스 생산 특성화와 일치하는 설비재 교역에서 중대한 적자를 남기고 있다.

마그레브 국가들을 향한 프랑스의 수출은 적당히 증가하고 있는데 수치는 연간 약 10%의 증가를 보이고 있다. 또한 1998년부터 중앙·동유럽 국가(PECO)를 향한 수출도 증가하고 있고 아시아 경제신흥국을 향한 수출도 역시 빠르게 증가하는 반면 중국을 향한 수출은 덜 증가하고 있다. 마그레브 국가에서 들어오는 프랑스의 수입은 점차적으로 신장세를 따르고 있는데 프랑스 무역에서 마그레브 국가들과의 항구성과 일치한다고 보여진다.

마그레브 3국의 총 GDP는 1,250억 달러로 중앙·동유럽의 4,040억 달러, 중남미의 15,950억 달러, 아시아 경제신흥국의

27,850억 달러에 비해서는 빈약한 수치이다. 비록 중앙·동유럽 국가(PECO)와 마찬가지로 1998년 이래로 급속히 성장했다 하더라도 약한 수치임은 자명하다.

따라서, 성장 파트너인 중앙·동유럽 국가(PECO)와 독일의 조합처럼 상호 유리하긴 하지만 불평등한 관계의 틀 속에서 교역에 대한 규제가 엄격하다 할지라도 실질적인 통합과는 거리가 멀다. 프랑스는 지중해 이남 국가들 중에서 성장 파트너를 서둘러 찾지 않는다. 프랑스와 지중해 이남 국가 간의 공동 과거사와 지리적인 근접성으로 지중해 양안이 화해하기 위한 주문에도 불구하고 그러한 사실은 명백하다. 현 상황에서 볼 때 프랑스는 마그레브에 대한 진정한 관심도 아니고 개발을 향하여 마그레브 지역을 시장으로 끌어내려는 가능성도 없다. 프랑스는 매우 약한 내수시장의 성장을 위해 수출에 주력하지 않는다. 반면 프랑스가 높은 성장의 중심지인 마그레브 지역을 변화시켜 이익을 보기위한 유리한 위치에 있다는 것은 확실해 보인다. 모든 것은 자연스럽거나 쉽게 만들어지지 않고 진정한 전략을 요구한다. 또한 지중해에 대한 중요성은 유럽 전체에 활기를 불어넣어 주어야만 한다.

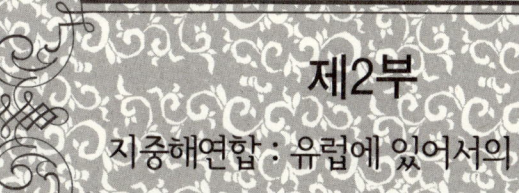

제2부
지중해연합 : 유럽에 있어서의 중요성

Chapitre 4 성장 전망(projection)

Chapitre 5 불가능한 '지체'

Chapitre 6 직접투자의 애매함

Chapitre 7 대출기금 수혜

제2부 | 지중해연합 :
　　　　　 유럽에 있어서의 중요성

　지중해 남쪽 연안의 경제성장은 유럽을 위해서 중요한 목적임은 분명하다. 오늘날 우리는 지중해 이남이 프랑스에 대해 연간 0.2%에서 0.3%까지 초과 성장세에 있다고 평가한다. 그러나 그 수치만으로는 충분하지 않다. 현 경제상황이 지중해 이북에서 원하는 것만으로 충분치는 않고 늦지도 않으며 숙명적이지도 않다는 점이다. 결국 우리는 경제성장을 위해 '깨어나기만 하면 되는' 이 지중해 지역에 외국의 직접자본 투입이 쇄도한다는 것을 알 수 있다. 이러한 관점에서 경제성장수단이 결정적이며 전적으로 지중해 이남에 있음을 증명하기 위한 지역은행 시스템의 기능을 분석할 필요가 있다.

Chapter 4 성장 전망(projection)

일본과 중국 간의 경제통합만큼 견고한 유럽과 마그레브 간 경제·무역 통합의 결과를 수치화 해보자.

중국은 대 일본 수출의 13%를 기록하고 2년 전부터 수출이 연간 40%로 증대되고 있다. 일본은 대 중국 수출이 15%로 연간 20% 가량 향상되었다. 또한 일본은 매년 중국에 40억 달러를 직접 투자하고 있다.

대 모로코, 알제리, 튀니지의 수출은 프랑스의 대 유럽연합을 포함한 총 수출에서 대략 3%이며 연간 10% 성장을 기록했다. 프랑스는 마그레브 국가 수출의 20%를 차지하고 평균 연간 12%의 성장을 이룬다. 또한 프랑스는 마그레브 국가에 3억5천만 달러의 직접투자를 실현하고 이 국가들의 GDP는 천2백50억 달러이다.

프랑스와 마그레브 관계에 대한 추이는 일본과 중국 관계와 유사점이 있으며 경제규모 차이와 외부 개방도 사이의 격차를 감안하여 다음과 같이 해석될 수 있다.

첫째, 프랑스의 연간 3/4 포인트 초과성장과 점진적인 무역 교역에 따른 마그레브 국가는 연간 0.6 포인트 성장을 기록한다.

둘째, 프랑스의 마그레브 국가 직접 투자액은 3억5천만 달러에서 13억 달러로의 획기적인 증액이 있다. 프랑스 기업의 투자는 일본 기업의 중국 투자와 동일한 부분이 있을 것이다.

게다가 우리는 동유럽과 관련된 많은 작업이 경제성장 증액을 결정짓는다는 것을 알고 있다. 동유럽은 GDP의 1~2% 성장인 반면 서유럽은 0.1~0.2%일 것이다.

명백하게 불완전하지만 예증을 보여주는 이러한 사례들은 일본-중국 모델처럼 지중해 이남만큼 지중해 이북에서의 성장 추가분을 부여하게 되는데 서유럽/동유럽 통합의 경우보다 10배 이상이다. 따라서 지수1 혹은 지수 10인가? 명백하게 두 대조 논리의 결과 차이를 보게 될 것이다.

따라서 우리가 불확실하다는 것을 인지하고 신중해야 한다는 점에서 출발하자. 지중해연합의 문맥에서 프랑스가 임금 격차에서의 이점을 포착한 일본-중국 논리에서 보다 덜 성장할 것이라는 것은 자명한 사실이다. 0.3%와 0.4% 사이의 유럽 성장 추가분에 대한 가설을 보자. 그 점은 명확하다. 지수는 언제나 동일한 이유로 1도 아니고 10도 아니다. 만일 우리가 같은 원칙을 적용한다면 우리는 유럽의 지수 4와 5 사이에 비해서 지중해 이남 성장 추가분에 대한 지수의 수치화를 보류할 수 있을 것이다.

효력이 있어 보이고 목적을 수치화하는데 간단한 장점이 있다. 상기의 두 가설은 지중해 이남 5개국의 연간 추가분인 1%와 1.5% 사이와 유럽 5개국에서 0.2%와 0.3%를 포함하는 연간 성장 추가분을 4~5년 내에 제공할 수 있을 것이다. 따라서 양적인 면에서 지중해연합은 다음과 같은 의미를 줄 수 있을 것이다. 매우 실제적이고 제기되어야 하는 목적은 현재까지 등한시되고 있다.

Chapter 5 불가능한 '지체'

한 국가에 대한 경제가치로서의 견인력은 투자가들의 수요와 지역, 지대, 영토의 지역 공급 간 미팅의 결과이다. 지중해 연안 국가들의 경우에는 논박의 여지 없이 견인력이 부족하다. 지체란 지대를 향한 직접 투자의 흐름과 명백하게 다른 경제, 특히 아시아와 중앙·동유럽 국가(PECO)같은 신흥 국가들을 향한 흐름 간의 격차에 의해 표시된 수치가 보충되어져야만 된다는 뜻이다.

지중해 이남 연안 국가들이 세계 투자가들의 'short list'에 기록되지 않는다고 인정하는 것은 평범한 사실이다. 이러한 관심 부재에 대한 유일한 예외는 터키와 탄화수소 산지가 있는 나라들이다. 그러나 이 두 모습에서 견인력은 이웃국가에 대한 것도 아니고 경제의 나머지부분에 할애되는 것도 아니다. 지역은 높은 성장의 축으로 간파되지 않는다. 반면 직접 투자 흐름에 대한 통계는 이 지역에 대한 견인력이 심각하게 개선되었다는 것에 집중하고 있다.

지역에 대한 투자가들의 이러한 태도는 최소한 다섯 가지 요인으로 설명되어 진다.

첫째, '왜 당신은 지중해 남쪽 연안 국가들에 투자할 마음이 없는가?'라는 질문에 대다수 기업은 지역 시장의 협소성을 언급한다. 현재 그리고 30년 전부터 다국적기업의 지배적인 전략은 시장 전략(market seeking)이다. 지역 국가들의 시장 규모는 소비자들의 수와 구매력을 놓고 볼 때 소박하다. 게다가 만족스런 결과에도 불구하고 지역에 주둔하는 외국계 기업들은 일반적으로 추가적인 투자를 겨냥하지 않는다. 왜냐하면 내수시장이 충분히 빨리 성장하여 그들의 상품라인이 '업그레이드'가 될 수 없기 때문이다. 그 이유는 재능있는 인재의 부족과 충분한 기술능력을 지닌 하청인의 부재 때문이다. 따라서 이러한 외국계기업들의 지역시장에 대한 강력한 위상은 특히 프랑스 기업은 덜 경쟁적인 생산을 담당하고 외부 경쟁에 직면하여 보호주의에 의해 제공받는 지대 효과 혜택을 받고 있다. 또한 공기업과 이중의 암암리 타협으로 지역 시장의 덜 활동적인 특성을 고려하여 플레드는 새로운 세계 투자가들의 진입을 막는다. 소시장은 이미 배분되고 약하게 논박하는 내부에서 전기, 가스, 통신, 은행, 재정 등과 같은 공공부문을 포함하는 영역의 개방과 사유화 프로그램에 의해 제공되는 것 이외에 다른 투자의 기회는 없다. 따라서 유럽은행들은 알제리에서 0에서 출발하는 연계망(from scratch)을 전개하는 것을 여전히 망설이고 있는 것이다. 반면 유럽은행들은 민간기업화된 최초의 은행 전산망인 알제리 Populaire Credit의 재개를 지원하는데 충분히 애쓴다. 따라서 낡은 망의 재개와 비평적인 규모에 도달하지 않음에도 '연계망' 전개 보다 더 비용이 많이 드는 것 처럼 보인다.

둘째, 마그레브 국가에서의 외국투자와 관련된 취약점은 유럽계 기업이 비용을 다양화하고 최소화하기 위하여 그들의 생산을 탈지역화(아웃소싱)하는 전략을 최근에 종종 도입한다는 사실로 설명되어지는 것처럼 보인다. 틀림없이 '라인강 모델'에 익숙한 프랑스와 독일 기업들은 결국 지난날처럼 자본보다는 일로 방향을 돌리는 것을 선호한다. 따라서 '30년 영광'은 이민 시스템 정책에 의해서 특징지워진다. 미국, 영국, 일본기업들과는 달리 유럽기업은 인력이 저렴한 지역에 투자를 하지 않거나 덜 투자하는 경향이 있다. 중남미, 멕시코, 동남아시아와 같은 생산지역이 그곳이다. 그리고 외부로 눈을 돌려 생산지의 탈지역화에 의한 비용 최소 전략은 여전히 유럽대륙에서는 새로운 생각이다. 유럽대륙은 정치·사회적으로 심각한 저항의 충돌이 있는 곳이다. 기업활동이 이러한 논리에 의해 결정되어지는 경우에서는 특히 아시아에서 그러한 활동은 중국 혹은 신생 중남미국(브라질, 멕시코, 아르헨티나)을 향한 커다란 관심을 이유로 진행된다. 그것은 지중해의 남쪽이 전체적으로 이 운동에 실제 성공을 이룬 튀니지와 모로코 정부에 의해 형성된 '오프 쇼어' 구역과 체제 이외에 남아 있다고 말할 수는 없다. 그러나 실제 성공은 제조업에서 '재구

입' 주문인 전통적인 하청을 나타내는 접근 속에서 추가 가치의 제한된 활동인 제조와 전자 구성, call centers 수에 관련이 있다. 또한 유럽기업의 아웃소싱이 늦어진 것은 사실이며 지역 환경의 약화를 가져온다. 따라서 조직적이지 않은 수공에 투자가들에게 적은 자본으로 수공예산업에 전념하게 한다. 지역 비용이 특히 중국과 베트남의 원단-의류와 같은 아시아 노동력과는 경쟁이 되지 않는다는 사실 때문이다. 숙련도가 중상수준의 기술자와 숙련된 간부의 부족은 결과적으로 애석하게도 턴오버에 의해 불안정성을 야기하고 기업들 간의 경쟁 효과 하에 갑작스런 임금 상승을 야기할 수 있다.

셋째, 다국적 기업의 글로벌 전략을 동반하는 외부 작용이 점점 더 '기업망'을 양산하고 그 작용은 완벽한 지역 잡기 결여에 부딪힌다. 국제기업들의 글로벌 전략은 이제부터는 시장전략(market seeking)과 아웃소싱을 생각해내는데 기인한다. 그러니까 신흥경제에서 산업의 가능성 전개는 점점 더 하청에 의존하고 조직에 허브 컴퍼니의 활동에 중장기로 결부되기 위하여 충분하게 고유 평가를 하는 지역 파트너에 의존한다. 이 분야 관련 미국용어의 사용은 유럽 기업의 지체를 투영하기도 한다. 그러나 이러한 지체는 점점 더 도처에서 뚜렷이 나타난다. 불행하게도 지중해 이남에서 자국보호시장을 위한 지역 기업 대부분은 전통적인 특수성을 갖는다. 지금까지는 운송 기한, 기준 준수, 생산물품 품질 개선을 부추기지는 않았다. 그러한 특성은 '속이 텅빈 법인'의 연계망 속에서 갑작스럽게 시작된 통합에 장애물이 된다.

넷째, 1980년대 말 이후로 현저한 향상에도 불구하고 세계은행의 구조 조정, 합법적인 환경, 여전히 불완전한 규정 계획은 폭넓게 도입되었다. 외국 투자를 위한 특별법은 1960년대 꽃을 피웠는데 외국계 기업의 도입에 제한적인 조건을 낳았고 알제리처럼 외국계 기업도입을 금지하는 경우도 있었으며 대부분의 이 지역에서 자유화되었다. 잠재적인 외국 투자에 대해 외국계 기업의 '서비스'에 탁상공론으로 불평하는 것이 계속 남아있다. 종종 행정 부문에서 적의를 품지 않고 게임 규칙은 확실치 않으며 규정된 맞지 않은 다수 서비스 간의 책임 분배가 있다. 투자자들을 다른 곳으로 가게 이끄는 느린 행정이 종종 야기된다. 예를 들면 아시아는 '비즈니스 하기'에 더 수월한 지역이다. 사실상 지역 대다수 국가의 정부가 외국투자를 정식으로 임명하는 것을 전시효과로 활용하는 경우에는 외국투자 설치 결정을 위하여 가격 상승에 몰두하기도 한다. 여전히 행정이 덜 향상된 수준인데 특히 공동체와 지역 열정이 양적으로도 적다. 결론적으로 이러한 태도는 15년 전부터 외국계 기업보다 몇몇 국가들에 의해 수행되는 투자 촉진의 부정할 수 없는 노력을 방해하고 깨트린다.

다섯째, '지체'에 대해 마지막으로 설명하자면 종종 회자되어지지 않고 기업 결정에 명백하게 영향을 준다. 또한 수용국의 태도는 일반적인 규칙에서 볼때 '진지한' 투자자는 위험을 좋아하지 않는다. 우리는 '진지한' 투자자를 기업으로 지칭한다. 기업은 지역 개발 촉진 사무국에 의해 배분되는 재정적 선동을 야기하고 즉각적으로 설립을 막을 수 있는 '늦은 발' 투자자들과 대립하여 중대한 투자를 끌어넣고 추가로 중요 활동 속에 항구적인 방법으로 활동영역을 수립한다. 진지한 투자자는 계획의 수익성을 평가하기 위하여 경제적이고 합법적이며 중기-장기 기간에 항구적인 정치 환경에 기대를 걸 수 있다. 정치적이고 제도적인 환경의 항구성 속에서 신뢰의 부재는 국가에 따라서 검증될 수도 있고 아닐수도 있는데 도입 결정의 시기에서 이월하거나 단념하게 된다. 현장에서 생산하는 것 보다는 수출하는 것이 더 합리적으로 보이는데 특히 겨냥되는 국가의 중요 교역 확보가 가능할 때 그렇다.

따라서 숙명도 아니며 비정상도 아니다. 직접 투자의 흐름에서 통계자료에 의해 획득될 수 없는 기업들 사이의 경제 협력이 존재한다. 예를 들면 프랑스, 이탈리아, 스페인과 같은 유로-지중해 간 파트너십(PEM)의 협정과 중요 자본 이동이 없는 지역 기업들은 라이센스 사용 혹은 구제 재료 기여, 기술 보장 위에서 기업이윤 추구를 획득한다. 그러나 이러한 작동은 여전히 그들중 몇몇은 수출을 향하여 문을 돌릴 수 있는 지역 수요와 지역 기술과 관리 능력을 동시에 적응시켜야 한다. 따라서 시장 조사는 '지체'의 테마를 지닌 지중해의 다른 맞은편을 향한 풍부한 투자운동을 드러내기 위하여 마땅히 해야 한다.

다음으로 유럽기업과 큰 규모의 비유럽기업은 최근 2년 동안 탄화수소 분야와 연관 없는 분야에서 도입하는 것을 망설이지 않았다. 세계무역 논리는 대상자들에게 세계시장에 대한 직접 경쟁에 의한 거리두기를 하지 않는다. 이 요인들은 마그레브 국가처럼 취약한 구매력을 지닌 출현의 길에 있는 경제 사례에서는 결정적이다. 그러니까 하나 혹은 두 개의 대형 투자자는 걸음을 내딛고 하나 혹은 두 개의 성공 스토리는 출현하며 새로운 현상은 새로운 주인에 의한 경쟁의 관점에서 지금까지 태만했던 시장에 접근하기 위하여 싸우는 세계 시장 보기를 만든다. 중국과 같은 국가는 기업들 간의 경쟁 효과를 전적으로 활용한다. 향후 지중해 이남의 국가들은 이러한 게임에 동참할 것이다. 특히 지역 구매력이 상승하고 시장에 대해 작은 규모의 빗장이 열리는 자유 무역 지역 안에서 활동하기 위하여 서로서로 경쟁을 거부하는 선의의 가설이 존재한다.

숙명론자가 되어서는 안 되고 냉철함을 유지해야 한다. 바르셀로나 프로세스에서 결합된 지중해 파트너 국가들은 유럽연합 외부 무역의 6%만을 기록한다. 그러한 수치는 요르단을 위해서는 적절한 시장이 아니며 레바논과 이스라엘을 위해서도 매우 중요한 시장은 아니다. 1995년 이래로 유럽연합은 지중해 파트너 국가들의 수입에서 알제리, 모로코, 튀니지 시장만 상승되어 이미

50%를 돌파했다. 이 중 튀니지는 70%로 가장 상승했다. 50% 시장에서 터키만 미흡하게 상승했다. 반면 이집트는 40%/30%로 시리아는 30% 이하로 감소했다. 지중해 파트너 국가의 수출에 관해서 유럽연합측은 모로코를 제외하고는 대다수 국가들에서 낮아졌다. 유럽연합은 마그레브 국가를 위해서만 지배적인 무역 파트너임을 드러낸다. 이 요인을 분석해볼 때 그동안 확인된 사실은 뒤바뀐다. 유럽연합은 마그레브의 경우처럼 평균 GDP의 8%, 다른 신생국의 27%를 차지하는 탄화수소 자원을 제외하고는 빈약한 수출국인 경제개발 국가를 위해 매력있는 시장은 아니다. 이러한 관점에서 볼 때 바르셀로나 프로세스가 필수적으로 산업물품에 참여하여 가격결정에 대한 노력이 뒤바뀌지는 않았음을 알 수 있다. 지중해 파트너십 국가들은 세계에서 가장 높은 관세를 내는 국가들 속에 머물러 있다. 동남아시아 9.4%, 중남미 10.6%, 사하라 이남 아프리카 13%에 비해 평균적으로 15%의 관세를 지불한다. 특히 지중해 이남 국가 간 가격과 행정 장벽이 높다는 점과 최근 10여 년 동안 미국생산품에 대하여는 가격과 행정장벽이 낮다는 것을 인지해야 한다. 또한 인지해야 할 것은 무역정치가 세계 계획의 가격요인에 더 바탕을 두는 것이 아니라 위생과 기술 법규와 기준에 기반을 둔다는 점과 그것은 유럽연합의 차원에서 어떤 보호장치를 둔다는 점을 기억해야 한다.

Chapter 6 직접투자의 애매함

그러한 상황에서 통합개발환경(IDE)이 진정 만병통치약인가? 그 질문은 답이 긍정적일지라도 우스꽝스럽게 보인다. 토론을 허용하지 않는 듯이 보이기 때문이다. 1969년 Albert Hirschuman이 <어떻게, 왜 중남미를 포기하는가?>라는 미국 투자가들에 고하는 글을 출간했다. 이 글은 단순한 가정에 기초를 두고 있다. 중남미에서의 외국투자는 특히 미국의 투자는 지역의 성장을 해친다는 명목으로 지역투자 제거 요인을 유발한다. 게다가 그러한 상황은 오늘날 지중해 이남에서 두려움이 되고 있다.

원칙적으로는 여러 해 전부터 이 지역에서 어떤 분야를 향하여 통합개발환경(IDE)으로 나아가고 있는가? 흐르는 물이 거의 사치품인 나라인 모리타니아에는 수출입면장 세 분야인 에너지, 전화통신, GSM과 시멘트, 관광, 농산물 산업 그리고 최근 은행분야에서 통합개발환경(IDE)을 적용하고 있다. 유럽기업과 중동 투자가들의 경제활동은 에너지와 관광처럼 지대를 개발하거나 시멘트처럼 짓누르는 요구에 부응하거나 혹은 GSM처럼 느끼는 것보다 더 직접적으로 이익을 끌어낼 수 있다. 그러한 상황은 적은 비용으로 의미있는 시장에서 자신의 이익을 위해 재단하여 약한 지역 경쟁에서 이익을 얻는 것이 가능하다. 극단적으로는 그러한 투자는 농업과 1차 산업 분야를 채굴하는 바탕 위에 진정한 개발

전략보다는 단기간에 무역 수지 이익 추구라는 본 모습을 드러내게 된다. 위험스러운 일은 신식민주의 상황이 전개될 수도 있다는 점이다. 게다가 어떤 투자가들은 특히 프랑스 투자가들의 의지는 과거 식민지 간의 독립을 통해 잃어버린 위치를 재회복하려는 표리부동으로 비춰질 수도 있다.

극히 미약한 조치 안에서 우리는 진정한 조력자로서 경제개발에 참여할 수 있다. 모든 것은 투자 이익과 외부 장려금 혜택을 추구한다는 점이다. 두 배 속도로 지중해 이남 개발과 지역 중량감에서 면제되는 어려움과 국제사회로의 보급 확대를 위한 주요 정박지 출현으로 참여할 수 있다.

국제적인 사다리에 경제적으로 더 동질의 지대를 두며 지중해 이남 연안은 지역 사다리에 더 세분화된 지대가 되었다. 유럽인들에게 관광, 은퇴, 건강에 유리한 섬으로 점철되고 유럽연합 국가들에게 있어서는 낮은 임금의 노동력과 오염된 산업의 탈지역화를 실현 하는 뒷마당 역할을 하는 연안으로 인식된다.

유럽은 독일 통일을 위해 7천3백억 달러를 사용했다. 유럽은 직접적으로 혹은 간접적으로 중앙·동유럽 국가(PECO)를 위해서 600억 달러를 소비했다. 비교해보면 같은 시기에 인구는 중앙·동유럽 국가의 두 배인 중동-북아프리카 국가(MENA)들은 150억 달러 가량 유럽으로부터 혜택을 보았다. 그러나 그것은 유로-지중해 간 파트너십(PEM)에 의한 효과적인 재원으로 충분치 않다.

또한 필수적이지도 않다. 유럽 공공 기관에 의해 승인된 재정적인 노력이 어떠했든지 간에 그 재정적인 노력은 활기차게 이중의 성장을 위한 토대가 되는데 충분하지는 않았다. 반면 이 재원은 통합개발환경(IDE)을 위한 외부에서만큼 내부에서의 민간투자 부문에서의 움직임을 불러일으키는데 기초가 되었다.

지중해 이남 국가의 협소한 내수시장은 수출 대체품 생산에 주력하는 기업을 위해서는 힘든 원칙을 나타낸다. 활동적인 거대 유로-지중해 간 파트너십은 중남미에서 13%, 중국을 제외한 동아시아에서 9%, 마그레브 국가에서 33% 고용으로 공공부문에 의해 넓은 폭으로 고용을 창출한다. 세계 투자가들에게 있어서 시장의 협소성은 고려되어져야 하는 브레이크이다. 경제플랜에서 만일 이러한 상황이 원인인가 혹은 결과인가에 대해 자문해야 한다. 만일 이러한 상황이 '복제'에 몰두하는 지역 자본주의의 대가가 아니라면 다시말해 상품과 정치 문제가 밀접하게 얽혀있고 재분배가 소홀하며 보조금에만 전념하는 것은 아닌가? 결국 더 엄격한 경제적인 관점에서 볼때 억압의 장애물에 관심을 가져야 하고 몇몇 조치들로 매듭을 풀 수 있을 것이다. 마그레브 3국의 대출기금 수혜는 사례연구 방식으로 해석될 것이다.

Chapter 7 대출기금 수혜

오래전부터 경제이론은 국가의 재정 개발 지수와 장기 경제성장률 간의 강한 유대관계가 존재한다고 인식되어 왔다. 특히 이러한 관계는 1990년대 초부터 형성된 내부성장이론에 의해 명확하게 증명되었다. 이 분야에서 마그레브는 알제리가 다소 미약하긴 하지만 경제신흥개발국 중에서 중상위 그룹에 속한다.

재정 중재인은 생산성의 수준과 현실적 자본 보유고에 따라 움직이는 것이 아니라 상호 간의 성장률을 더 높이 평가한다. 재정 시스템은 생산 자본 축적과 기술진보에 적극적으로 기여하면서 투자에 재원 충당을 최대화하고 장기 성장을 위한 내수 과정에 관여한다. 따라서 재정을 확보하려는 마그레브 경제력을 위해서는 은행 대출이 선택의 여지가 없다는 것은 강조해야할 당면과제이다.

만일 은행 대출이 단기간에 필수사항이라면 장기융자 수혜에 있어서는 실제적으로 볼 때 대다수 경제대행 금지를 의미한다. 알제리의 경우는 은행 재정 접근이 금지되어 있다. 모로코와 튀니지의 경우는 만일 은행개입이 직접적으로 이루어진다면 덜 효과적일 것이다. 은행 개입으로 중단된 대출은 누적되고 경제신흥국 평균치 이하 규모의 민간 부문에서 출자한 채권 공급은 제한될 것이다.

왜냐하면 의무불이행과 부도난 많은 채권이 누적될 것이고 불확실한 승산을 위한 비용과 법적 소송의 장기화 과정 미결중인 대출에 대한 잠정적인 세무조사 동요 등, 어려운 소송 처리로 인해 약체화될 것이기 때문이다. 은행은 양적으로 대출 공급을 제한할 것이고 이로 인해 많은 기업들은 대출을 받을 수 없게 되며 중장기 대출을 줄여 질적으로도 대출 제한을 할 것이고 세계 무역 활동을 위해서 '신용등급상위의 현금담보 대출' 상황이 될 것이다.

마그레브에서는 은행이 모은 자금 재운용에 대해서 중대한 문제에 직면할 것이다. 국가는 현금의 흐름을 흡수할 것이다. 경제개발국의 대다수 다른 나라들과 마찬가지로 마그레브 은행들은 구조적으로 볼 때 현금 과잉상태이다. 그러나 은행 재원은 국가에 의해 단기적으로 흡수되거나 공공기업과 연체 지불인 대상 주요 대출에 사용된다. 따라서 알제리에서는 은행이 계획자본인 동시에 유사 자본주의이며 단기 재정의 재확립을 위하여 중앙은행의 판결에 매우 독립적이다.

따라서 마그레브는 은행시스템이 미약하고 덜 발달되었으며 상대적으로 과대효과를 나타내는 것으로 평가된다.

한편 중요한 브레이크는 은행이 아닌 중재에 의한 개발에 대하여 압박하고 있다는 점이다.

첫째, 장기 공공부문 시장은 좁다. 성장률의 곡선은 너무 평평하고 은행이 아닌 중재에 의한 도약은 거의 호의적이지 않다. 은행 업무는 필연적으로 단기이며 특히 민간은행이 그러하다.

둘째, 투자자본 시장은 덜 주도적이다. 모로코에서는 10여 군데에 머무른다. 여전히 덜 전문화되어 있다. 튀니지에서 위험자본펀드(SICAR)는 특히 은행이 참여자로 전환된 체납된 대출을 파기할 수 있게 한다.

셋째, 수탁자의 기능은 덜 발달된 상황이다.

마그레브 국가에서 은행은 여전히 무엇보다도 가치 있는 관리자이다. 은행은 기업과 개인의 민간부문이 제한적인 좁은 경제시장에서 활동한다. 이러한 상황에서 대출은 부를 창조하는 방편이 되지 못한다. 반면 전재산의 가치를 미리 선점한 조건으로 제약을 받는다. 은행은 위험을 감지하는 본능이 없는 계획에 대한 진정한 재정 문화가 더 이상 발달되지 않도록 한다. 따라서 마그레브의 은행 시장은 매우 좁다. 은행을 이용하는 고객율도 낮은 편이다. 모로코 인구의 25%, 그 중 도시인구 50%, 튀니지 인구의 40%만이 은행을 이용한다. 이 수치는 공무원 봉급 납입과 지급장소로서 은행을 활용하는 것이다. 이러한 상황에서 은행은 선의의 리스크 증가에 몰두하고 있다. 3년 전부터 모로코 중앙은행은

'Seuil Trichet'라는 지역기관에 일임해왔다. 대출의 최소 격차는 기본 150포인트에서 국고 채권율을 상회한다. 인지해야될 사항은 몇몇 경제적 위험에 대해 기업 집중현상은 연쇄적인 의무불이행을 드러낸다는 점이다. 현실적으로 상대편이 취약한 튀니지 은행 전체에 의해 야기된 체불 신용이 중요 사례이다. 그리고 은행은 단기간에 안정적으로 현금화가 가능한 국고 채권과 같은 형태를 강요한다. 따라서 순환논법은 우선적으로 개개인의 측면만큼 기업의 측면에서도 최고 정보를 파기할 수 있을 것이다. 기업 사례로는 2005년 10월 튀니지 재정 안전법이 위원들에게 주식 회사를 위한 계좌를 의무적으로 돌려준 것이다.

또한 마그레브 은행들은 자발적으로 특히 외국은행을 모델로 삼아 공급과 수익을 증대시키고 현대적인 시스템을 따르고 있다. 모니터들은 다양한 고객에 의존하여 증대된 공급에 주목한다. 특히 모로코는 이러한 공급이 관련기관들의 커뮤니케이션에 의해 자리매김했다. 은행수익의 발달은 은행이 제공하는 공급에 대한 브레이크를 은폐하지 않을 것이다. 모로코 은행에 의해 증대된 수익은 중산층 그룹의 좁고 불명확한 한계의 수요를 충족시킨다. 반면 은행과 고객의 관계는 세 국가에서 일반적이며 상호적인 신용 부재로 드러난다.

이러한 상황에서 통합개발환경(IDE)의 쇄도로 대출기금수혜를 받자마자 옥죄는 기업가를 양산하게 되고 지역 연락루트를 찾지 못한 인위적인 성장만을 야기할 수 있다. 따라서 대출과 관련된 문제는 투자와 분리할 수 없는 부분이고 지역 자금을 만드는 보조금에 의문을 가질 수 밖에 없는 부분이다.

2000년부터 경제신흥국의 해외 미불금이 초과되기 시작했다. 2005년도엔 4천2백30억 달러에 달했다. 그것이 의미하는 바는 개발경제를 위한 전통적인 계획표와는 반대로 신흥 국가들이 경제개발에 투자할 자금이 초과되는 일이 발생했다는 점이다. 이러한 현상은 2005년도에 천5백80억 달러의 중국과 천9백60억 달러의 중동이 대표적인 사례이다. 중국의 경우는 환율의 흐름이 약하게 유지되는 단호한 정치시스템에 기인한 것이다.

마그레브 안에서 알제리만이 석유생산물의 가격 등귀로 인해 이 현상에 관여한다. 지중해 지역은 중국무역 초과물품을 탁송하는 것과는 거리가 멀다. 그러나 마그레브의 자금은 개발국에 폭넓게 자리잡고 있다. 비공식적인 특징은 그러한 현상을 은폐하고 있다. 또한 실제 투자의 궁핍은 보다 혁신적인 계획이 드물고 직면한 모든 규칙이 어렵다는 사실을 인정한다. 따라서 연간 70억 가량으로 예상되는 막대한 자금을 염두해 두어야 한다. 그 자금은 마그레브 국가에 기인하는 것으로 지역 투자에 적합한 지원을 지역 내에서 찾으려는 노력이 부족하여 유럽 혹은 미국에서 투자하는 것이다. 미국과 유럽 은행은 비축된 국가 환전 보유고를 높이고 세계은행 보고서의 단호한 평가에 따른 은행과 기업의 외국통화와 민간부문 자금을 통해 지원할 것이다.

결국 통합개발환경(IDE)은 그 자체가 만병통치약이지는 않다. 왜냐하면 통합개발환경(IDE)만으로 지중해 이남을 경제성장의 축으로 변화시키는데 충분할 수는 없기 때문이고 IDE는 집중적이면서 대량적으로 변화를 줄 수는 없기 때문이다. 우선적으로 통합개발환경(IDE)을 고려하면서 모든 것은 지중해 이남 국가 운명에 도움되는 정치 원조로 자리매김해야 한다. 그 밑바탕에는 지역 원조가 변동이 없어야 되고 지역 기업의 대출 조건을 변동시키지 않아야 한다. 그러한 것은 틀림없이 10년 후에 결정적으로 바르셀로나 프로세스의 약점이 된다. 지중해 지역은 다른 경제신흥지역을 따라 용광로와 같은 경제성장의 표지를 나타내지는 않는다.

제3부
지중해연합 : 실행을 위한 5개 길

Chapitre 8 제도적 측면

Chapitre 9 주된 협력 분야
9.1. 농업협상의 재개
9.2. 미래의 에너지 관련 협력
9.3. 섬유 : 경쟁력 있는 협력의 조건
9.4. 직업교육을 우선시하는 방안

Chapitre 10 지중해 지역의 경제성장을 위한 재정 : 어떤 원칙이 필요한가?
10.1. 자본 끌어들이기
10.2. 이와 관련하여 전담 다국적 기관을 수립해야할 것인가?

Chapitre 11 지역발전 전략
11.1. 로지스틱
11.2. 에너지 상품의 변형
11.3. 컴퓨터와 정보기술

Chapitre 12 인적이동의 재균형화

제3부 | 지중해연합 :
실행을 위한 5개 길

　지중해연합을 위한 이 '로드맵'은 최소한 명확하게 만들어진 장점이 있다. 이전의 바르셀로나 정신은 이어져야만 되고 유지되며 보강되어져야 된다. 유럽연합 집행위원회 의장이었던 로마노 프로디의 문구인 '연합보다는 더 강력하게 동맹보다는 덜 강제적으로'를 따라야 한다. 따라서 우리는 유럽연합의 보조금을 활용하여 지중해 이남 경제성장을 '주입한다'는 사실을 믿지 않는다. 유로-지중해 간 파트너십(PEM)을 고려한 유럽이 동의한 보충적인 재정적 모든 노력은 지역경제통합 분야에서 엄격한 조건의 바탕을 만드는 것임에 틀림없다. MENA 존에 속한 국가 교역의 5% 미만이 현행 지역 기초를 이루고 있다. 반면 유럽연합은 50% 이상을 사용하는 것과 대조적이다. 또한 MEDA 활동의 겨우 10%만이 지역 특성을 나타내고 있다. 우리는 도달해야 할 길이 남았음을 알 수 있다.

　이러한 사실로 볼때 우선적으로 유동재원은 부족한 부분을 직접적으로 보충하는 것이 아니라 지렛대 역할을 채우기 위하여 존재함에 틀림없다. 따라서 인프라구조의 대형 프로젝트 이상으로 기업에 직접원조를 겨냥해야 한다. 다시말해 대출수혜와 투자를 장려해야 한다. 그러기 위해서 특별한 다자간 사무국을 고심하여 구상하고 실행을 위해 정확한 전략을 요구한다.

결국 지중해연합은 유럽연합 회원국 전체와 관련이 있는데 유럽의 상이한 국가들이 유로-지중해 간 파트너십에 의해 만들어진 매우 다양한 단계와 경제, 정치적으로 연관이 있는 것이다. 따라서 유럽연합의 집행위원회는 지중해연합을 위한 이 프로젝트의 긴급함과 필요성을 전체 회원국들에게 설득해야하는 임무를 지니고 있다. 만일 마그레브 국가들과 지중해의 맞은편 이웃들 간 존재확인을 표방했던 '5+5' 정책 발의가 기본에 충실해야 한다면 독일 혹은 영국이 속한 유럽의 큰 계획이 넓은 의미에서는 효과적이지도 관심조차도 잃어버린채 흘러가지는 않을 것이다.

전체적으로 볼 때 5개의 길은 지중해연합이라는 실체를 부여하기 위하여 열려져 있는 것으로 보인다.

첫째, 제도권의 트랙을 피할 수 없다.

둘째, 제도적 장치 보강을 통하여 공유되는 서류에 대해 최상의 처치는 유로-지중해 공동 운영을 전제로 한다.

셋째, 마지막 트랙은 재정 문제와 관련있다.

넷째, 산업전략의 다른 목적이 있다.

다섯째, 모든 것은 인적교류의 '가라앉은' 운용 속에서 구체화 된다.

Chapter 8 제도적 측면

 유로-지중해 간 파트너십 강화는 제도적 강화를 필연적으로 거친다. 그러나 두 가지 선행조건이 부여된다. 첫째, 유럽연합 회원국과 지중해 이남 국가 간의 쌍무관계에 기반을 둔 다자간 해결방안을 제시하는 것이다. 그것은 유럽연합과 지중해 이웃국가들 간에 필요한 '파트너' 관계에 대한 인지와 지역 통합을 강화하려는 의지, 지중해 고유의 목적에 대한 인식으로 해석된다. 둘째, 존재하는 제도들에 대해 재답변하지 않는다. 모든 새로운 제도의 창설은 목적이 아니라 추구하는 목표에 비해서 더 '작용'을 가져다준다. 왜냐하면 제도에 대한 인지만큼 유로-지중해 접근 분야에서 발의와 선언은 과거에 영향을 미쳤고 큰 효과없이 축적되는 경향이 있기 때문이다. 이 두 가지 제기된 조건들을 볼때 지중해연합은 바르셀로나 프로세스에 의해 잡힌 기반보다 더 필요로 하는 부분이 있는 듯 보인다.
 첫째, 국가 원수들과 재경부 장관들이 모이는 연례 정상회의가 필요하다.

둘째, 전문화된 상임 사무국은 관련 자료들을 검토하고 각 정상 간에 조사를 보장하고 최종 결정을 준비한다. 유로-지중해 직접 투자 감독원, 유로-지중해 원단 기구, 유로-지중해 농업 포럼과 같은 전문 특성화된 부문 상임 사무국 설립이 요구된다.

셋째, 두 개의 다자간 제도기관의 창설이 필요한데 전문화된 재정 기관과 유로-지중해 법원이 그것이다.

또한 회원국들은 결정적으로 장려되어져야만 하는 인식의 공동 공간에 대한 연관이 개개인에 달려있다는 점을 잊어버릴 수 없다. 유로-지중해 간 파트너십의 틀 속에서 알렉산드리아 문화와의 대화를 위해 안나린 재단이 창설되었음은 이러한 사실들을 뒷받침한다. 그러나 지중해 남쪽과 북쪽의 엘리트들을 위한 교역과 만남의 장소가 결핍되어 있다. 결정론자들의 클럽인 지중해를 채택한 다보스 국제 경제 포럼 또는 지중해연합 국가들 안에서 구성된 프랑스 경제학자 클럽의 엑상 프로방스 경제 회합이 그것이다. 미래 책임자들을 위한 공동 비전의 출현과 인식의 장은 결국 이 지역에 대해 연구하는 대학들과 많은 기금을 집결시킨다. 프랑스의 지중해 인문과학원인 '지중해의 집'(MMSH)과 같이 이 지역에서 실행을 요구하는 역할을 표시하는 것을 잊어서는 안된다.

이렇듯 우리 생각으로는 지중해연합이라고 부르는 새로운 전환점에 와 있다. 유로-지중해 간 파트너십 분야에서 결정을 강화하고 합의 사항을 위해 지방분권화시키며 관료주의를 타파하고 반면 지역 현실에 더욱 교착될 염려 없는 새로운 전환점인 것이다.

Chapter 9 주된 협력 분야

4개의 큰 산업분야는 시급하기도 하고 다양한데 우선적으로 고려되어져야 한다. 농업, 에너지, 섬유/원단, 직업교육이 그것이다. 글로벌 규정을 적용해야 하는 4개 시안은 반드시 규정을 준수해야 한다. 이 중 두 분야는 너무나 오랫동안 실행이 연기되어왔다. 고유한 지중해의 전망 하에 착수되는데 명백하게 예비교육의 가치를 갖는다. 전망은 이민, 환경, 물 등과 같은 지역의 미래를 위해 여전히 결정적이고 더욱 글로벌에 대한 인식 문제를 공유하며 해결책에 대한 가능성을 열 것이다.

9.1. 농업협상의 재개

위 사안은 그토록 많은 관심 속에 다루어지고 열정으로 가득차 구체화된다. 잠정적으로 짊어지기도 한 복합적인 역사가 있다. 과거의 잘못을 재현하지 않기 위하여 지중해의 두 맞은편 국가들은 틀림없이 요점으로 돌아가야 하고 농업이 중심 역할임을 재확인해야 한다. 이 역할은 이미 설득력 있는 수치와 농업 분야 자체를 논한다. 지중해 국가들은 1차 산업분야가 사회에서 깊이 뿌리박은 국가들로 여전히 남아있다. 지중해 이남에서의 농업은 압도적으로 거시경제 차원이다. 이집트 혹은 모로코에서 농산물은 평균적으로 가정 소비의 45%를 기록하고 있다. 위 수치는 덜 장려한 사회 카테고리를 위해 더 높다. 생산의 많고 적은 차이와 가격차는 인플레이션, 예산 수세, 소비와 투자라는 이름으로 거대 결과를 도출해내는 것이 가능하다. 지중해 국가의 경제 정책은 어떠한 경우에도 농산물은 세계 시장의 진보와 기후를 무시할 수 없다. 그것은 농업에서 기초적인 'input'보다 더 중요한 사실이다. 물은 지중해 지역에서 전체적으로 부족하다. 전 세계 인구의 5%인 북아프리카는 전 세계 물자원의 1%만을 소유하고 있다. 이러한 근원적인 불평등은 자원의 운용면에서 강조되고 있다. 어떤 경우에서는 비참한 현실이다. 지중해 지역에서 관개법에 따른 생산성 부문은 1에서 5까지의 격차와 더불어 물 공급의 격차는 너무나 종종 현 상황을 해결하는 것이 불가능해 보인다. 전반적으로 볼 때 지중해농업은 매우 폭넓게 경제의 유일한 분야를 너머 영향을 미친다. 또한 지중해농업은 상당수의 경제신흥국을 포함하여 세상의 다른 지역에서 정치, 사회의 응집력에 관한 숙주 이상을 나타낸다.

어쨌든 지중해 이남 국가들을 위해서 사실인 점은 지중해 이북 국가들을 위해서 보다 적은 단계에 있다는 점이다. 남유럽 국가들은 가장 직접적으로 지중해 농업의 미래와 연관이 있다. 위 국가들은 더욱 관련이 있고 더욱 위협적이라는 점이다. 유럽연합에서 국가 내 농업활동 인구는 평균적으로 5% 미만인 것에 비하여 포르투갈 13.4%, 스페인 7.6%, 이탈리아 농업의 활동인구는 6% 이상이다. 위협적인 이유는 공동체적 도움이 필요하기 때문이다. 또한 지중해 주변의 수준에 적은 혜택을 보고 있으나 가장 직접적인 경쟁이 존재하기 때문이다.

유로-지중해 공동 농업정책은 만일 두 가지 조건이 존중된다면 더욱 현실적으로 보일 것이다.

첫째, 이 분야에서 모든 정책은 점진성의 특징으로 나타난다. 지중해 농업 관련 문제는 변화무쌍한데 개인적으로 볼 때는 복잡해 보인다. 특히 유일한 경제 논리만을 나타낸다. 그러니까 순수하고 끈질긴 자유 교역 문제 옹호자들은 지중해 농부들에게 불리한 서비스를 제공하고 즉각적으로 모든 것을 요구하면서 관심을 표명한다. 반면 격렬한 자유주의는 지중해 이남에 약탈자의 효과를 노리는데 특히 어떤 지역의 어떤 문화들에서 예를 들면 시리얼을 '내부에서 과다 경작' 하게 만든다. 결국 지중해 농업의 새로운 정책은 야망적인 동시에 선택적이고 단계저이다.

둘째, 선행하는 조건을 비축해가며 개혁을 긴급하게 실현하는 것은 명백하다. 왜냐하면 농업의 다자간주의는 매일 더 공허한 지역을 선호하여 전체 토론을 점진적으로 강행한다. 또한 해마다 농업에 관한 지중해 이남 국가들의 비교우위는 경제 활동의 다른 모든 분야 속에서 더 급속도로 침식되고 있다. 결국 이유는 연합의 확대가 비록 모든 어려움을 예견하지 못한다 하더라도 만일 적절한 수단이 주어진다면 연합 확대를 위한 단기간 도전이 이루어질 것이다. 1999년 폴란드와 헝가리가 포르투갈과 그리스보다 더 과일을 수출했다는 것을 상기하자.

이렇듯 새로운 '유로-지중해 농업 협력 정책'은 급속도로 제기되었다. 유럽은 2003년 여름에 무엇보다도 PAC분야에서 큰 걸음을 내었다. 원조 배분 원칙은 채택되었는데 현행 게임 규칙을 심도있게 뒤엎었다. 따라서 유럽연합에 가입하는 새로운 국가들을 포함하여 유럽 농부들의 행동에 관한 큰 효과를 가질 것이다. 명확한 점은 미국만큼 유럽의 농업 보조금은 축소되고 생략되었다는 것이다. 결국 매년 500억 달러를 발전을 위한 공적 원조에 할애하는 것을 자랑한다. 다른 한편 매년 지중해 이남 농부는 지중해 이북 농부를 위한 다양한 보조금을 통하여 2,500억 달러에 해당하는 페널티를 받는다. 그러나 단기간에 문제는 거기에 있지 않다. 또는 최소한 단지 그 문제만은 아니다. 유로-지중해 농업 협력에 박차를 가하기 위하여 더 빠르게 행동하는 것은 시급하다.

이러한 관점에서 기본적으로 지중해 양쪽의 대립이 과대평가 되지 않았다는 것으로 평가된다. 왜냐하면 지중해 농업 정체성에 관한 직접적인 결과이기 때문이다. 그 결과로 생산물은 효과적으로 대립하고 그들은 생산의 공간조차도 상업화시키며 다른 외부 시장으로 보충하는 것 보다 덜 경쟁한다. 출구 없이 서로 마주 대면하였고 5년 전부터 지중해 양쪽에서의 농업 협력이 제자리걸음이 되는 이유다. 그러나 진정한 문제는 외부 판로의 문제이다. 가능한 유일한 동결 풀기는 이미 역할을 하고 있고 여전히 내일도 역할을 할 수 있을 것이며 만일 그곳에서 사용되어 진다면 지중해 농업 생산품의 수요성장을 가져올 수 있다. 사실 농산물에 있어서의 서비스와 품질 수요에 관한 일반적이고도 현실적인 상승은 충분히 잠재적인 경쟁에 문제를 야기한다. '전체 속에서' 지중해 농업은 품질을 현대화시켜야만 한다. 그것은 통합이 원하는 완벽한 예증이다. 세 가지 활동 유형을 이끈다.

첫째, 지중해 농산물의 품질을 개선하기 위한 공동의 노력이 필요하다. 더 정확하게 말하면 모든 개별적인 노력은 세 가지 선호되는 분야에서 동의되어져야 한다. '물의 관리'이다. 유럽은 지중해 이남 국가들을 향해서 이 분야에 이미 의미 있는 노력을 이루었다. 이 노력들의 단순한 반복은 단기, 중기, 장기간에 걸쳐 명백한 우위를 나타내고 첫째, 예산계획에서 운용할 수 있는 것처럼 보인다. 둘째, '사람의 관리'이다. 전문적인 직업교육만큼이나

신참 직업교육과 원조 노력의 강화는 농업분야에서의 성공을 위한 열쇠를 이룬다. 지중해 양쪽 간의 경험과 인적 교류 이상으로 기술 원조도 필요하다. 우리에게는 명백함과 관리를 위한 현실적인 목표로 보인다. 셋째, '남쪽과 남쪽 간의 통합'이다. 더 중요한 교역일 뿐만 아니라 최고의 협의는 최고 투자 프로그램화의 증거이기 때문이다.

둘째, 국제 농업분야에서 보강되어야 하는 협력이 필요하다. 유럽은 PAC를 개혁하면서 OMC에 맞서도록 하였다. 그러니까 최소한 어떤 관점에서 시급해 보인다. 유럽과 지중해 이남은 '공동전선'을 만든다. 멕시코 칸쿤에서 열린 국제농업회의는 실패에도 불구하고 최소한 장점이 있었다. 국가들을 모으면서 유사한 협력의 가치존재를 입증했다는 점이다. 엄정하게 개인적인 방법의 무역을 옹호했다는 것이다. 게다가 이 새로운 협력은 본질적으로 취약하다. 결국 지중해 국가들을 위해서 우선적으로 깊이 연구되어져야 한다. 유로-지중해 농업 포럼은 보강된 '협력'에 어려움을 제공하고 있다.

셋째, 유로-지중해 농업 포럼의 창설이 필요하다. 이미 접촉은 이루어졌고 쌍무관계에서 열매는 맺었다. 게다가 유로-지중해 농업 회의는 1998년에 이미 개최되었다. 이 발의는 제도적이었음에 틀림없다. 그리고 회의의 지속적인 특성을 부여한다. 대화를 통하여 관점들이 마주하고 오해는 흩어질 수 있으며 어려움은 점진적으로 제거되어질 수 있다. 이 포럼은 너무 늦지 않은 다자간 대화의 틀임에 분명하다. 결국 이 포럼은 오늘날 결점을 만드는 농업시장의 지중해 중심 진정한 기구의 모태가 되어야만 한다. 이 포럼의 틀 속에서 결정되어지지 않을 것과 점진적으로 축소되는 공동체 농업의 보조금에 관해 토론하고 프로그램화 될 수 있을 것이다.

9.2. 미래의 에너지 관련 협력

지중해 공간에서의 에너지 분야는 두 가지 명백하고도 중대한 불평등으로 특징 지워진다. 더 부유하고 지중해 이남보다 에너지를 더 소비하는 지중해 이북 국가 간의 불평등과 알제리, 리비아, 이집트 세 나라와 매우 연관이 깊은 에너지 자원 보조금에 관한 불평등이 그것이다. 이 세 국가의 원유 보유고는 3% 천연가스 세계 보유고는 대략 5%를 점유하고 있다. 이 보유고의 공식 총액은 과소평가되었다. 에너지 항목에서 남쪽과 북쪽의 상보성은 명백하다. 몇 년 전부터 협력 하에 개발되어지고 있다. 특히 2003년에서 2006년 기간 동안 우선권을 제시했던 지중해 에너지 기구의 활동을 통하여 진행되었다. 그러나 이러한 상보성은 심도 깊은 협력으로 연장되어져야 한다. 공동 에너지 정책에 관한 문제, 북과 남 시장의 구성, 교역의 인프라구조와 관련하여 협력해야 한다.

원유와 가스분야에서의 잠재적인 교역은 아주 유망하다. 천연가스는 진부한 거대 세 에너지 중에 환경을 가장 덜 오염시킨다. 일반적으로 열의 사용, 전기 생산을 위한 수요가 상승하고 있다. 가스는 수송하는데 가격이 비싸다. 반면 전기 회로 연결은 환경문제에 부딪힌다. 가스는 에너지의 더 효과적인 사용을 위해서 소비의 장소까지 보내어 질 수 있다. 그리고 에너지 효율과 환경에 대해서 이중의 긍정적인 효과를 가지고 있다.

유로-지중해 공간에서 두 개의 중심 가스공급관이 존재하는데 알제리, 튀니지, 시칠리아, 이탈리아의 'Transmed'와 알제리, 모로코, 스페인, 포르투갈의 'Gazoduc 마그레브-유럽'이 그것이다. 수많은 결합이 북쪽과 남쪽 혹은 동쪽과 서쪽의 교역을 위하여 계획중이고 연구되어지고 있다. 그리고 에너지 배량선 주위에 가스공급관이 상호의존과 연대의식으로 만들어지고 있다. 면세통과 국가인 모로코와 튀니지는 직접적으로 알제리 가스의 수출에 흥미가 있다.

북쪽-남쪽과 동쪽-서쪽의 전기 연결 강화는 또한 유리한 다수 효과를 위한 목표가 있다. 두 개의 연결망으로 혜택을 보는 모로코와 스페인 간 전기 상호 연결은 이미 존재한다. 지중해의 고리는 여전히 완전하지 못하지만 오래전부터 지역 관련 기업 프로젝트에 가입되어 있다. 마그레브 전기 위원회의 사업은 지중해 고리 실현에 필요한 저장 여유분의 축소와 적재량의 대피선 전환 시 비용 축소를 야기할 수 있을 것이다.

결국 원유의 인프라구조가 남는다. 러시아의 수출 상승과 카자흐스탄과 아제르바이잔의 카스피 해 거대 유전 개발은 새로운 관의 구성과 막대한 배기량의 상승을 필연적으로 부추긴다. 이 추가 생산은 지중해에서 귀착되는데 보스포러스 해협을 지나가거나 터키에 의해서 지중해를 직접 결합시키거나 존의 환경적 균형에 취약한 위험이 도사리는 부정거래를 야기한다. 따라서 희망하는 사업은 수송부분이 대체 송유관을 빌릴 수 있는지 여부에 따라 시도될 수 있다. 지중해에서의 수송세금은 또한 선박의 감시 강화 조치와 심도 깊은 성찰의 원인이 된다.

2005년 이전부터 유럽에서의 위치두기는 시장의 배치, 자연 보존 시장과 오염 허가 시장에 의문을 이끈다. 남쪽에서의 자연 에너지생산의 잠재성은 극도로 상승되었고 연구되어지는 메커니즘에 따라 자연 에너지는 주조되고 교환될 수 있다. 알제리 회사인 Sonatrach는 이미 탄소의 격리 과정을 시행하고 탄소 성분의 한 부분인 탄화수소 광맥에 재 주입한다.

몇 년 전부터 자유로워진 원유시장은 다양한 출신의 원유, 정제, 정제산물 사이의 계속적인 중재와 함께 이미 완벽하게 지중해 공간에 편입되었다. 중재는 현저한 진보가 있다. 반면 여전히 유럽연합 국가들 안에서 자유화되고 있는 전기, 천연가스 시장을 위한 사례는 아니다.

전기 분야에 있어서는 조작자의 다양성과 기술 제약을 근거로 전기 수송 분야에서 실현되는 기술의 진보와 함께 진보는 충분히 느리다. 중재와 교역의 기회, 환경에 대해 제약은 증가되어야만 한다. 이러한 의미에서 튀니지, 모로코, 이집트에서 구성되는 '독립적인 전기 생산물'은 전기산업 구조에 대한 새로운 성찰을 전제로 한다. 자유화 길에서 가장 진보적인 국가들 사이의 공통 성찰에 대한 미묘한 주제는 필요하다. 왜냐하면 전기의 자유화는 국가들 사이에 남아있는 불평등이 존재하는 반면 좋지 않게 예견되는 새로운 문제들을 출현하게 만들었다. 알제리는 95%의 전력 공급이 이루어져 있고 반면 모로코 시골은 절반도 공급되지 않았다. 모리타니아는 여전히 결손이 더 확대되고 심지어 그들은 도시주민이다. 따라서 성급한 자유화는 어떤 국토정비와 단기, 중기, 장기간의 공급을 희생시켜서 이루어진다.

천연가스로서는 전망이 덜 밝다. 전통적으로 가스의 중요 흐름은 25년이라는 긴 기간으로 계약을 요구한다. 그 계약은 Take 혹은 Pay 라고 부르는 조항에 의해 사는 자와 파는 자를 연결해 주는 것인데 사는 자는 생산자의 고정된 비용과 일치하는 가격의 부분을 지불하는 데에 참여한다. 이 조항들은 가스 수송 비용이 많이 드는 특성으로 설명되는데 천연 혹은 액화가스 수송선에 의해서 운송되는 액화 천연 가스 라인 혹은 관의 구조는 긴 계약기간에 기대어 지불될 수 있는 것이다. 유럽 가스 시장의 자유화에 대한 전망 속에서 유럽 집행위원회는 이 계약이 강하게 축소되고 사라지기를 희망한다. 같은 방법으로 위원회는 사는 자가 고유 시장에서만 전매 가능한 상호 조항들이 더 이상 계약에 통합되지 않기를 희망한다. 게다가 중재가 가능한 더 유동적인 시장을 장려하는 전망 속에서 참여에 유연한 이익을 부여하기를 희망하는 듯이 보인다. 이러한 가스 교역의 자유로움은 유럽 가스 공급 안전을 위한 장기 비전, 수송을 위한 새로운 길의 구현과 부딪힌다. 우리의 제안은 틀림없이 두렵다. 가스에 대한 의문은 북쪽과 남쪽만큼 남쪽과 남쪽 간 모든 통합 전망의 핵 속에서 취약하게 유로-지중해 협력을 개화시킨다. 왜냐하면 핵심은 충분히 넓게 유지하기 때문에 그들의 포기 시도 혹은 Take or Pay 계약의 양도는 촉매로서 행동한다는 것에 주목한다. 왜냐하면 원칙에 의해 제기되는 요구의 경박함을 고려하여 제공자를 강요할 것이기 때문이다. 동시에 실제적으로 유럽연합의 모든 국가는 점점 더 가스가 부족한 상황이고 직접적인 경쟁에 직면해 있다. 알제리와 함께 최근 계약을 통하여 모스크바는 충분히 이 위험을 예상할 수 있다.

그러나 지금으로서는 Gazprom은 자국의 국내시장에 동의하는 것 보다 이익이 있으므로 유럽의 각 회사에 가스 공급을 따르게 한다. 교차 참여의 가능성은 정확하게 고려되어진다. 틀림없이 생산국들을 위한 흥미 있는 해결책은 유럽 국가들을 위하여 부득이한 마지막 수단과 유사하다. 그들 각자는 결국 대형 제공자를 위하여 필수적인 시장을 나타내지 않는다. 불가피하게 소수인 가스회사의 참여에 동의하는 것은 심각한 위기상황에서 공급보장을 할 수 있기 때문인가? 반면 그러한 해결책 뒤로는 명백하게 지역의 폭발을 그려내게 한다. 어떤 나라들은 이미 그들의 자원에 의해서 장려됨에 따라 그들의 즉각적인 이웃과 비교될 수 있는 재정 가능성을 제시하는 관점에서 유럽연합의 몇몇 국가들과 더불어 특권을 부여한 자본주의적 관계 외에 개발할 것이다. 그러니까 다자간 통합에 대한 모든 전망은 충분히 헛된 것을 줄 수 있다.

게다가 지중해는 재생 에너지라는 예외적인 자원인 특히 남쪽과 동쪽의 태양과 풍력의 혜택이 있다. 노벨 물리학자인 카를로 루비아는 다음과 같은 사항을 상기시킨다. 사하라에서 매년 내리는 비는 태양복사열로 인해 제곱미터 당 원유 배럴과 견줄만하다. 이 에너지들은 오늘날 폭넓게 활용이 가능하다. 유럽연합은 2020년 전기 생산에서 재생 에너지의 20% 규모를 공헌해야하는 의무적인 수량 목표가 있다. 그 곳에는 지역 협력을 위한 매우 중요한 필요성과 기회가 있다.

1990년 마그레브 아랍 연합의 틀 속에서 에너지 장관은 에너지 분야에서 마그레브 간 협력을 보강하는 결정을 내렸다. 따라서 5개의 기술 위원회는 다양한 분야에서의 협력을 발전시키기 위해 창설되었다. 에너지의 계획과 제압, 천연 자원, 전기, 원유산업, 재생 에너지가 그것이다. 위원회의 사업들은 다양한 이 분야에서 중요한 경제적 잠재성이 있음을 보여준다. 협상력과 수련의 효과를 강화하고 상거래와 수송비용의 일정부분을 축소하며 지역 평가와 실존 장비 사용의 극대화를 통하여 이루어진다. 그러나 천연자원의 보조금 안에서 다른 중요성에도 불구하고 5개국은 공동 성찰을 시작했다. 지중해 맞은편에 있는 유럽연합의 경우에는 공동 에너지 정책에서 자유롭다고 말할 수는 없다. 에너지 예산은 나라마다 다르고, 국가는 필수적으로 석탄, 원유, 천연가스, 핵의 폭넓은 위상을 만들기도 하는 기반 안에 있다. 또한 초국가적인 저장 보유고는 없다. 이러한 상황에서 유럽 에너지 시장의 통합은 중앙·동유럽을 포함하여 시간이 주요관건이다. 최소한 지중해 이남 국가들은 10년 전 에너지 투자에 1900억 유로가 필요했다. '따라서 유럽 통합이 선결되어야 되는 것은 아니다'. 지중해의 목적은 유럽이 고안하는 것을 부추기는 데 있다. 왜냐하면 가스에 관한 문제는 강조되어지는 부분이고 유럽연합의 목적이기도 하기 때문이다. 지중해 이웃국가들과 더불어 개발하는 공간은 다자간 틀 속에서 서류를 처리할 수 있고 또한 유럽연합 측에서는 취약한 생산자 혹은 남쪽 국가들의 목소리를 대변할 수 있기 때문이다. 알다시피 목적은 가스로 국한된 것은 아니다. 내일은 핵으로 환경문제로 넘어갈 것이다. 그 결과로 몇몇 큰 원칙에 기초하여 공동 에너지 비전의 출현을 희망해야만 한다.

첫째, 온실 효과를 가진 가스 방출을 축소하고 가능한 에너지 자원을 더 효과적인 방법으로 사용하고자 하는 의지를 기반으로 한 에너지 효율성에 관한 목표를 세워야 한다.

둘째, 매우 중대하고도 불확실한 세계 에너지 전망에 따라 다양한 에너지 예산에 관한 목표를 세워야 한다. 모든 형태의 에너지는 부정적인 외부 비용과 개발을 위한 재정, 동시에 경제비용을 지불해야 한다. 오염과 모든 종류의 위험과 공해인 이러한 외부성은 정확하게 알려져야 하고 외부 프로젝트의 틀 속에서 유럽 집행 위원회가 이끄는 사업을 따라야 한다. 미래에 대한 불확실성과 마주하여 특히 기후 변화와 그 영향에 대하여 각 국가가 의뢰하는 에너지 '묶음, 다발'을 최소한으로 다양화함이 낫다. 이 분야에서 남쪽 국가들은 이미 모로코와 이집트의 풍력을 이용하여 현실화 되고 있는 태양과 풍력 에너지의 잠재성을 지니고 있다. 이 존에서의 모든 국가는 협력 속에서 발전하는 관심을 지니고 있다. 따라서 노벨 물리학상을 받은 카를로 루비아의 말을 다시 한 번 더 상기고자 한다. 사하라에서 매년 내리는 비는 태양복사열로 인해 제곱미터 당 원유 배럴과 견줄만하다.

9.3. 섬유 : 경쟁력 있는 협력의 조건

세상의 새로운 문맥 안에서 지중해연합은 대형 산업 분야의 적용으로서 특권을 받고 있음에 틀림없는데 개인적으로는 섬유-의류 분야라고 생각한다. 섬유는 오늘날 마그레브 국가 대부분에서 결정적인 분야로 나타나고 있다. 모로코와 튀니지는 이 산업에 산업 전체 고용과 수출의 35%에서 40%를 할당하고 있다. 섬유-원단 분야는 PEM-PMI의 밀접한 연계망에서 구성되고 있는데 세계의 새로운 경쟁에 적응하려고 노력하고 있다. 마그레브의 섬유-원단 임금은 유럽의 비용에 비하여 경쟁력이 있다. 유럽의 임금에 비해 평균적으로 5%에서 15% 수준이기 때문이다. 그러나 이러한 월등한 가격 경쟁력은 수준이 높지 않은 노동 생산성에 견주어 이론의 여지는 있다. 모로코와 튀니지는 프랑스와 비교할 때 원단의 생산성 차이가 결국 수치 1에서 2까지 갈 수 있다. 게다가 원단 전체 분야는 두 제도적 진보에 따라 뒤집어 질 수 있기도 하다. 섬유-의류에 관한 협정의 파기와 OMC에 중국 진출이 악제다. 마그레브에서의 직업적인 시각에서 중국의 경쟁은 장래를 위하여 동일 분야 진보에서 우위를 차지할 것이고 덤핑의 위험이 있다. 결국 중국은 오늘날 마그레브와 비교할 때 다양한 생산성에 의한 균형이 아니라 임금의 우위에서 혜택을 볼 수 있다. 중국은 OMC의 모든 규칙을 준수하지 않고 자유화를 이용한다. 환율의 이익도 있다. 위안화가 미국달러보다 약세이기 때문이다.

　섬유-의류에 있어서 지중해 이남과 이북의 새로운 파트너십은 사회적인 덤핑 없이 경쟁성을 갖추고 생산의 품질을 목표로 특권을 주어야만 한다. 두 가지 축이 결정적으로 보인다.

　마그레브의 생산자를 아시아와의 경쟁에 부응하기 위하여 배분 경로를 개선하고 생산물품의 단계를 올리는 것을 도와야만 한다. 구체적으로 창의성과 품질에 주어진 프리미엄에 의해 분야의 R&D와 투자를 통하여 '향상시키기' 활동을 거쳐야 한다.

　원단을 위한 유로-지중해연합은 생산자의 중재를 속박하는 하청에서 생산자와 구매자 사이가 더 균형적인 관계이며 부가적인 가치를 추구하고 창의력에 위상을 두는 '공동관리'로 옮겨갈 것을 전제로 한다.

　이 목표들을 실현하는데 용이하기 위하여 우리는 두 가지 제안을 한다.

　첫째, 공동 관리 출현을 장려하고 필수적인 중간과정을 추진시키는 것이 가능한 유로-지중해 섬유-의류 기구를 빠른 시일 내에 정상화해야 한다.

　둘째, 직업교육에 있어서의 유로-지중해연합은 의류, 원단 분야를 특수한 분야로 지정해야 한다. 유로-지중해 섬유-의류 기구는 경제 예측기관으로서의 역할이 부여된다. 그곳에서는 R&D와 혁신적인 노력을 장려하고 동시에 품질의 상이한 수준에 합당한 직업교육 단계를 추진하며 이미 존재하는 국가 예측기관의 지원을 받아 분석과 정보를 모은다.

9.4. 직업교육을 우선시하는 방안

성장을 창출하기 위해서 지식은 절대적이다. 그러나 이 용어는 대단한 것이 아니라고 말할 수 있듯이 막연하면서도 무한하다. 진행과정을 명시해야만 하고 국제적 수준에 맞게 기업의 재 내수화에 대한 현 정책에서 출발해야 한다.

좋든 싫든지 간에 유럽 기업은 특히 산업은 탈 내수화의 가능성과 전망으로 재조직되고 있는 중이다. 왜냐하면 모든 것은 힘이 약해지기 때문이 아니라 이제부터 그들의 전략을 규정한 틀 속에서 진행을 해야만 하기 때문이다. 왜냐하면 어떤 분야에서 낮은 임금으로 승부하는 국가들이 추구는 모두를 위한 문제가 되었다. 그 점에 관해서 동쪽을 향하는 유럽의 확대는 이제부터 동시에 최고 많은 해결책이 있어 보이는 유로-지중해 간 파트너십을 불안하게 만든다. 따라서 여기서는 근본적으로 보기에 많은 기업을 위해 더 복잡하고 더 위험한 '중대 사안'으로 남아있는 중국의 문제가 아니다. '공동체 경험' 과정에 의해 동질화되는 법과 규칙으로 다가오며 유로화로 충분히 밀접한 혁명 부대를 둘러싼 환율로 다가오는 동쪽에 관한 문제이다. 동쪽과 작은 규모의 국가들은 예를 들면 유로-지중해 간 파트너십이 편안하게 생각하는 루마니아와 불가리아가 가져오는 자격부여와 고용을 위해 추구되고 평가된다.

중앙 · 동유럽 국가는 특히 세 가지 우선권을 따르는 기업전략을 고려할 수 있다.

첫째는 비용에 관한 문제이다. 격차는 현재 독일에서 혹은 프랑스에서 기업세금 포함하여 시간당 20유로 이상이 난다. 아프리카와 중동은 5유로 루마니아와 불가리아는 3유로 중국은 1유로에서 2유로이다.

둘째는 시장에 관한 문제이다. 사실상 수용국은 규모와 구매력이 더 중요하고 재 내수화는 지역 시장에서 성패의 관건이다.

셋째는 파트너십에 관한 문제이다. 무슨 도움이 되는가? 현실적으로 탈 내수화-재 내수화의 역동적인 과정을 구성해야 한다. 기업은 부분적으로 다른 곳에서 활동의 일정부분을 실현하기 위하여 떠나는 것이다. 그것은 양성 교육과 정보의 교환으로 처세술의 체계화된 이동과 결부된 것이다. 출발국의 엔지니어, 간부직, 유능한 근로자들은 지속적인 높은 품질로 생산하고 능력의 이동을 구성하는 방법으로 수용국에서 양성될 것이다. 반면 주의해야 될 점은 복제, 밀수입, 비합법적인 공급으로 진행되는 부분이다. 점차적인 동향은 활동에 대한 이동 경로를 구성하고 검토되며 확인되기 위하여 자리매김할 것이다. 파트너십의 목표는 생산, 교육, 상업화 관계에서의 안정성에 대한 예측 가능성이 가능함에 따라 다른 것에 비해 결정적이다.

  이 계획에서 출발하여 남쪽에서의 재 내수화에 대한 특별한 정책을 만드는 것이 가능해 보인다. 우선적으로 그 정책들은 기업을 위해서 가장 확실하게 보일 수 있는 파트너십의 요인이 될 것이다. 개인적으로는 유럽과 지중해 간 파트너십인데 재 내수화의 역동적인 교육정책에 기초를 둘 것이다.

  결국 파트너십 정책들은 생산뿐만 아니라 로지스틱과 품질을 통합하면서 동질의 생산 전체를 미리 정해둘 것임에 틀림없다. 최소한 첫 시기에 다양한 분야와 다양한 나라들 속에서 이루어 질 것이다. 그것은 생산과 분배의 연계망을 전제할 뿐만 아니라 품질의 다른 수준에 맞추어 수공예 교육 공간 또한 내포하는 것이다. 우선적으로 의류제조업, 전기 자재, 관광뿐만 아니라 은행 back office와 치료와 같은 활동들을 고려할 수 있다. 이 리스트는 명확하게 직설적인데 특히 남쪽에서처럼 북쪽의 실버세대를 위한 의료관광과 back office처럼 자발적으로 만들 수 있지 않은 분야들에서 교역을 더 구조적으로 조직할 수 있다.

  연구 대학교육 분야는 연구와 교육에서의 유럽 공간 설립을 이끌었던 볼로냐 프로세스에 의해 확대되어 재개되었으며 유럽 4개국에 의해 추진되고 있다. 서로서로 유럽연합의 국경을 초월하고 있다. 2003년 9월 베를린 회의 이후로 대학교육의 유럽 공간은 40여 개의 회원국들을 통합했다. 그리고 다른 국가들은 다가올 해에 문호를 개방할 계획이다. 유럽 대학생들의 교류 프로그램인 에라스뮈스는 2005년에 144,032명 학생들이 2004년 에라스뮈스 문두스 이후로 늙은 대륙을 벗어나 교육을 전개시키고 있다. 현재까지는 석사와 박사과정의 학생들에게 해당되지만 향후 학사 기초과정과 학사과정의 학생들에게도 확대될 것이다.

따라서 유럽연합은 이웃국가들에 대해 매우 강한 견인력을 가지고 있다고 이해하면 된다. 지중해연합은 이러한 전망 속에서 나아가야 한다. 남쪽의 5개국인 알제리, 리비아, 모로코, 모리타니아, 튀니지는 공동으로 학생들의 운집에 대비해야 하고 매우 중요한 협력의 틀을 요구해야 한다. 화답으로 유럽연합은 네 활동을 통하여 '유럽과 지중해 대학 교육의 유럽 공간'의 설립을 제안한다.

첫째, 이 새로운 공간에 속한 국가들이 우선적으로 판단하는 연구 분야에서 석사와 박사과정 설립을 위한 대학들의 연계망을 두어야 한다.

둘째, 새로운 정보 통신기술을 활용한 원격교육의 창설이 필요하다. 새롭고 독자적인 계획은 콘소시엄 형태로 구성될 것이고 유럽대학뿐만 아니라 기업과 직업 교육을 위한 기관에서도 이루어 질 것이다.

셋째, 교수만큼이나 학생의 교류 증가는 대학 교육(Tempus III) 협력을 위한 유럽 간 프로그램의 지리적인 응용 분야를 넓혀 나가는 것이다. 이 프로그램은 처음에 중앙·동유럽 국가들에 적용되었고 구 소련연방 독립 국가들을 포함하였다. 이제부터는 유럽과 지중해 간 파트너십에 참여하는 지중해 연안 국가들도 자격이 있다.

넷째, 지중해 주변의 모든 국가들부터 참조할 수 있는 전자 도서관의 건립이 필요하다.

유럽연합의 이러한 계획은 많은 수단을 동원하고 틀림없이 매우 유용할 것이다. 그러나 우리에게는 세 가지 중점사항에 대해 보충해야 될 것으로 보인다.

우선 국가들의 진정한 필요성에 적합한 처방을 내려야한다. 석사과정과 박사과정을 설치하기 위한 유럽의 활동은 실제 직업으로 연결되는 중급 분야를 만들기 위해 매우 중요한 프로그램에 의해 완성되어져야만 한다. BTS, IUT, 혹은 직업 학사가 그것이다. 결국 이 국가들은 엄격하게 지역 기업에 맞춘 단기 직업교육이 부족한 현실이다. 매우 높은 수준의 엔지니어를 양성하는 것은 틀림없이 필수적인 일이다. 그러나 생산성을 위하여 더 많은 수의 중간 단계 기술자 양성교육이 동반되어야 한다. 모든 차이점을 고려해 동일한 추론은 CAP 단계에 적용된다. 만일 기술자격의 피라미드를 무시한다면 기술자들이 뒷받침되지 않는 국가에서 잘 양성된 엔지니어들은 탈 자격을 피할 수 없어서 고국을 떠날 수 있다. 게다가 현재는 그들 중에서 최고들을 양성하는 것이다. 필요한 기술자격의 피라미드는 산업분야별 문맥 안에서 지역기업과 함께 매우 타이트한 협력을 이루어야만 한다.

다음으로 모든 수준의 직업교육은 지역의 현실에 부합해야만 한다. 원격교육에 의해 교부되는 직업교육의 위험은 미래 협력자인 유럽 기업을 위하여 완벽하게 이루어져 있는 반면 지중해 이남 국가 기업들에 대하여 부합되지 못한다는 것이다. 왜냐하면 충분하게 지역적으로 가능하고 현실적인 기술 설비의 보급기지를 책임지고 있지 않기 때문이다. 탈식민지의 가장 중대한 실수 중의 하나는 현장의 현실에 덜 적합한 최고 교육을 유럽 모델로 받아들였다는 점이다. 재출발이 아닌가!

끝으로 직업과 자격교육 개발 프로그램은 즉각적으로 우선시되는 분야들 중에서 선택되어져야 한다. 개발은 상기되어져야 한다. 그러한 선택은 물론 운용하기에 매우 어렵다. 왜냐하면 희생되는 분야인 문화와 인문학분야 때문이다. 게다가 이러한 접근은 민주주의의 발전에 필요하다.

결국 내부에서 성장하는 경제의 요청과 관련해서 모든 수단을 강구하면서 차별화되고 정확한 틀 속에서 자격을 개발하고 능력 수준을 향상시키며 양성된 사람들의 수를 증가시켜야 한다.

이러한 상황에서 직업교육의 변형 시스템을 위한 두 가지 길은 지중해 이남과 지중해 이북 국가 사이의 파트너십에 기초하여 실행되어져야 된다.

대학 연계망은 교육양성자들을 위한 것이다. 미래의 연구자들과 연구교수들의 양성을 위해 공동으로 투자해야 할 것이다. 따라서 연구와 양성 시스템의 틀 개발은 두 암초에 부딪힌다. 연공서열과 두뇌 유출이 그것이다. 성공적인 협력 경험은 이 암초들을 초월하는 가장 효과적인 장치이다. 그 장치는 박사과정과 포닥과정을 위한 대학 간 연계망의 구성이다. 그러한 연계망은 개인적으로 볼 때 효과적이다. 그들의 출신국가에서 탐지할 수 있다. 학생들은 대학 교육과 연구 활동에 최고로 소질을 보인다. 회원국들이 제안하는 박사과정과 연구소 간 이동을 준비할 수 있다. 그들의 출신국 바깥으로 연구와 학업을 위한 체류를 구성해야 한다. 직업적인 교류와 채용을 구성하기 위하여 국제 기준의 연구 가능성과 학술적이고도 교육적인 틀의 바탕을 보강하는 형태 하에서 출신국들에게 투자가 되돌아가는 이익을 줄 수 있다.

직업 교육을 통하여 자격을 부여하는 다리가 되어야 한다. 북지중해 대다수 국가들은 직업 교육에 대한 진보적 시스템을 갖추고 있다. 그것은 교역과 생산 시스템의 부단한 수정을 따르는 경제 필요성에 대한 답으로 봉급자들의 능력을 현실화하는 동시에 이익을 얻는 사람들의 직업적이고 개인적인 코스의 가격유지안정을 장려하는 것이다. 그들의 경험은 직업교육의 중요한 주제에 대해 직업 양성 기관과 교육기관 사이의 연계망을 두는 것을 더 가치 있게 생각한다. 게다가 수익자의 직업교육은 그들의 출신국가 배경에 따라 분리되는 과정을 피하기 위하여 또한 지역과의 밀접한 접촉을 유지하기 위하여 교수법의 활동과 정립 사이의 공유에 집중해야만 한다. 선호되는 주제는 건강, 의료보호, 매니지먼트와 관련된 직업, 높은 수준의 엔지니어와 기술자양성과 관련되어 있다.

Chapter 10 지중해 지역의 경제성장을 위한 재정 : 어떤 원칙이 필요한가?

지중해 이남과 유럽연합의 통합개발환경(IDE)에 대한 균형회복은 지역경제통합에 대한 새로운 전망 하에 자리매김해야만 한다. 게다가 지역통합 장르를 다루기 위한 참조사항은 통합의 성공을 위한 선행 조건 중에서 50여 년 전에 이미 시행된 관세통합을 위한 기본 가설을 상기시키는 Jacob Viner에 의해 제안된 모델을 참조해야 한다. 이 모델은 1957년 로마조약의 원칙들과

1980년대까지 CEE의 구성과 어느 정도 일치한다. 그러나 1980년 대부터 세계화의 확산으로 경제통합의 특징들이 더 이상 그러한 도식에 부응하지 못하게 된다. Mercosur와 UMA, 그리고 성공으로 평가받지 못하는 사하라 이남 아프리카 대부분 국가들의 협력경험에 대한 성찰로 보다 더 발전된 지역경제통합의 새로운 모델이 제안된다.

개발의 수준에서 국가들을 재결집하는 것은 불평등하다. 향후 미국의 계획이 실현된다면 중남미 전체로 확대될 Alena의 틀 속에서 멕시코와 더불어 미국과 캐나다의 협력과 중앙·동유럽 국가들을 향한 유럽연합의 확대, 자유무역지대에서의 APEC과 Asean의 미래를 향한 협력의 변형이 그 예이다. 우리 생각으로는 마그레브 3국과 보강된 유럽연합은 더 넓게는 UMA의 다섯 회원국과 함께 경제협력에 가입해야만 한다.

게다가 경제통합은 더 이상 예외적으로 재화와 서비스에 관련되어 있는 것이 아니라 다른 차원과 연관되어 있다. 재정자본, 기술, 산업투자와 인적자본의 유통이 그것이다.

따라서 지역경제통합의 논리는 관세통합이론의 논리에서 현저히 벗어나 있다. 그 중요 이유는 다음과 같다.

우선 개발도상국들의 의지는 글로벌화의 역동성에 비해 부차적이지도 제외되지도 않는다. 멕시코 칸쿤에서 열린 회의는 신흥

경제블록을 보여줄 뿐만 아니라 덜 발전된 국가들은 세계 글로벌 경제와 '단절' 되기를 원하지 않는다는 것을 나타냈다.

게다가 워싱턴 제도권의 도움 하에 있던 국가들은 1980년대 초부터 몇몇 국가 예를 들어 멕시코와 같은 국가의 기업 사유화와 자유주의 개혁은 정치와 동시에 경제를 닻으로 구성하는 거대 세력와 함께 지역 통합이 이루어졌다고 평가받고 있다. 따라서 통합은 내부의 사회적 힘의 부분에 의해 반대 없이 지속되고 세계화 운동은 서양방식의 재현이 되기도 하는 자유주의 개혁의 돌이킬 수 없는 점을 가져다주는 것에 공헌함에 틀림없는 것이다. 또한 경제신흥국들이 정규화 되지 않는 글로벌화의 재정 위기를 초월하는 것을 돕는다. 따라서 멕시코는 종국에는 Fed가 이 국가를 구성한 투자가들이 이득을 보는 경제협력구조이다.

다음으로 Paul Krugman과 Jagdish Baghwait를 비교할 수 있듯이 몇 몇 경제학자들에 의해 구성되는 '신지역통합'은 세계화에 필요한 조정에 부응하는데 그 신자유주의모델은 유일하게 부응될 수 있다. 달러로서 북미와 남미지역, 엔과 달러의 태평양지역, 유로의 유럽지역, 이 세 블록 간의 합의는 미국 일방주의 혹은 유엔 다 국가주의 보다 더 효과적이고 더 용이할 것이다.

결국 세계화 속에서의 '신 지역통합'의 경제적 효과는 관세통합으로 이루어진 클래식 모델의 교환에 한계를 지닌 구조를 매우 초월할 수 있다.

Jacob Viner의 클래식 버전 안에서 공동체 내부 교역에 관한 관세통합의 효과는 비교우위 이론에 기초하고 있고 Ricardo모델에 따르면 포도주 대 시트와 같은 분야들 간의 특성화된 일의 배분에 기반을 두고 있다. 게다가 유럽의 지역통합 경험은 회원국들 사이의 전문화가 다른 품질들과 품목들의 내부 산업에서 우세함을 보여준다. 프랑스는 독일을 대상으로 자동차를 수출하고 독일도 프랑스를 대상으로 자동차를 수출한다. 그러나 동일한 자동차가 아니다. 어쨌든 이제부터 지역통합은 재화와 서비스의 교역뿐만 아니라 재화와 서비스의 생산, 자본의 유통, 노동의 유통 속에서 해외 직접 투자에도 관련이 있다. 여러 결과를 낳고 있는데 특히 내부 회사들 간의 교역을 우선적으로 하는 내부 부문 교역의 성장과 다수를 위한 균형이라는 결과를 낳고 있다. 그 결과 지대에서의 전문화는 넓은 의미로 기업의 지역집중화 선택을 야기하고 있다.

불평등한 경제개발의 지역통합 환경 속에서 이 새로운 접근의 결과는 회원국 간 발전 간격 범위에 따라 동일하지 않다. 경제신흥구역이긴 하지만 발전된 곳은 아닌 중앙·동유럽의 경우는 어떤 특정 분야들이 존재한다. 분야는 강하게 자본주의적이고 상대적으로 표준화된 기술은 15개 연합국에서 절대적인 우위를 차지하고 있는 매우 숙련된 핸드메이드에 관한 요구가 그것이다. 이러한 경우에 동유럽을 대상으로 한 변화의 경향과 서유럽에서 사라지는 경향이 있다. 마그레브 국가의 경우에서는 적어도 산업부문에서는 여전히 절대 우위가 존재하지 않는데 이와 달리 에너지 부문과 원료, 농업의 어떤 부문에서는 다른 양상을 띤다. 반면 마그레브 경제는 부문들 내부의 어떤 활동들 속에서 비교우위에 대한 이익을 취할 수 있다. 약간 숙련된 핸드메이드와 서투른 기술이 그것이다. 따라서 내부 지역 균형의 논리는 거시경제 수준에서 기업들을 위한 통합개발환경의 두 전략 사이에서 미리 구별되어야 한다. 수평적 통합개발환경과 수직적 통합개발환경이 있다. '신 지역통합'에 대응하는 대립은 공통부문의 전문화와 관세통합에 대한 전통적인 모순의 한계를 뛰어넘는 내부부문의 전문화 사이에 있다. 통합개발환경은 전자 부품 같은 유럽을 겨냥하여 제품들의 전체 혹은 부분적 재수출과 더불어 현장에서 바로 만드는 제품들을 만들어낸다. 상기의 가설 하에서 지중해 이남의 산업분야에 의해 지중해 이북의 어떤 부문들은 대체품이 없고 두 지역 사이의 상보성을 만드는 내부기초부문에 대한 전문화도 없다.

그 결과 다음과 같은 현상이 생길 수 있다. 동일한 통합지역의 두 하위 지역 간의 재 균형으로 지정될 수 있다. 유럽연합은 마그레브를 향하여 완성품뿐만 아니라 자본, 기술, 설비재를 수출할 것이고 마그레브에서는 완성품 혹은 부품들을 수입할 것이다. 결과적으로 유럽연합과 마그레브 사이의 자유무역협정은 상호 유익한 방향을 취하고 있다. 이러한 협정은 유럽연합의 수출과 마그레브 국가들의 유일한 개방을 야기 시켜 더욱 균형을 갖춘 무역 상황을 이끌 수 있다. 왜냐하면 통합개발환경과 더불어 더 많은 완성품을 수출할 수 있기 때문이다. 게다가 재 균형은 정지된 상태로 머무르는 것이 아니라 시간이 흐름에 따라 진보한다. 결과적으로 재화의 유통과 동반되는 기술과 산업의 유통, 재정 능력의 증대, 고위 인적자원의 유통, 매니지먼트와 구성의 새로운 형태 도입은 지역 기업들을 향한 계획이 두루 확산되어 고품질의 단계 확대를 필연적으로 동반할 것이다. 다음의 두 가지 질문은 결정적일 수 있다. 어떻게 투자가들을 위해서 지역에 대한 매력을 향상시킬 수 있을까? 경제 조정과 재정을 담당하는 재정 제도권의 지역통합이 이루어져야만 하는가?

10.1. 자본 끌어들이기

지중해 이남 국가들이 가장 아쉬운 점을 상기하는 것으로 출발하자. 민간부문 통합개발환경은 유로-지중해 간 파트너십의 조직을 확대하고 뿌리내리게 한다. 통합개발환경은 그렇지 못하거나 거의 그렇지 못하다. 지역 전체를 위한 연간 50억 달러는 지역 GDP의 1%에 해당된다. 이 수치는 경제신흥 국가들이 실행한 통합개발환경에서 4%만을 기록한다. 게다가 이 지역에서의 투자는 분명한 방식으로 공공투자부문을 형성한다. 결국 GDP에서 공공투자 비율로 보면 세상에서 가장 높은 곳 중의 하나이다. 1990년대 중반에 경제개발 국가의 평균 2배 이상인 10%를 기록하기 이전인 1980년대 초에 이미 16% 이상으로 절정에 달했다. 공공투자부문 이외에 다른 보조적인 수치 또한 염려스럽다. 지중해 이남 국가들의 민간투자부문은 은행 대출의 20% 이하를 기록한다. 결국 도표로 객관화된 최근 경제수치는 다음과 같다. 민간투자부문을 고려한 BEI의 참여는 지중해에서 은행 참여율의 30%만을 나타낸다. 또한 공공 혹은 민간, 해외 혹은 국내 투자와 대출관련 유로-지중해 간 파트너십 틀 하에 민간투자는 대기업에 특혜를 주고 있다. 전체적인 결과로는 세계의 일부인 이 지역에 향후 가능성과 현 경제성장의 필수요소에 대한 합의 없이는 재정의 현 순환에 의해 도태된다는 점이다.

게다가 민간부문투자 촉진은 유로-지중해 간 파트너십 하에 유통 경제도구에 직접적으로 부응하지 않는다. 결국 투자에 대한 결정권은 기업에게 있는데 외국계기업이든 국내기업이든지 간에 이 분야에서의 파트너십에 적합한 전체 활동은 직접적으로 영향을 미친다. 잠재적으로는 결정적이지만 강력한 계기는 불완전한 정보 속에서 투자에 대한 위험부담을 원하지 않는 투자자들의 예측을 변경시키기도 한다. 따라서 유럽연합 가입에 대한 전망은 중앙·동유럽을 향한 통합개발환경의 높은 경제성장을 이끌었다. 현재까지 가장 중요한 흐름을 초래한 마그레브의 두 국가인 모로코와 튀니지 통합개발환경 하의 진보와 중앙·동유럽과 비교할 때 우리는 다음과 같은 사실을 확인할 수 있다. 만일 2001년에 최고 상승점을 이룬 모로코의 사유화 효과를 제외한다면 그곳의 통합개발환경은 1990년대에 대략 FBCF의 10% 상승 한계에 도달했다. 반면 중앙·동유럽 국가를 향한 통합개발환경은 5%에서 대략 18%까지 성장했다. 지중해연합에서 기대되는 첫 효과는 투자자들이 이 지역에 대해 가지는 비전을 가능하게 하는 계기를 확산시키는 것이다. 개발국을 향한 통합개발환경의 흐름 성장에 유리하지 않기 때문이다. 최근 15년 동안 개발국에서 실패를 겪은 후 세계적인 대기업들은 그들의 결정을 심사숙고하고 성찰하여 믿을 수 있는 강력한 신호없이 새로운 투자의 위험을 감지하지는 않는다. 이러한 기업환경은 '파트너십' 개념의 모든 의미를 나타낸다. 결국 투자 수용국이 해야만 하는 것은 충분하지는 않다. 연계프로그램의 틀 속에서 법률상 유효하고 알려진 행동이 필요하다.

  모든 국가 안에서 통합개발환경이 전개되는데 필수 조건은 지역 통합을 용이하게 하려는 의지, 지역 관할구역의 경제수준, 통합참여에 대한 상호존중, 물적, 인적 안전, 경제적, 정치적 안정성이다. 이러한 관점에서 최고 책임은 결정권자에게 있다. 물론 공공재정은 축소될 예산 상황 하에 인적자원 양성과 물리적인 하위구조 내에 투자 우선권을 부여하기를 원하고 있다. 그러나 강화된 유로-지중해 협회는 최소한 두 가지 보충 부분에 공헌해야만 한다. 프로그램과 '투자 협정'의 개념정의를 통해서 투자 수용국에 대한 견인력을 보강할 수 있을 것이다.

이러한 관점에서 네 가지 통합 분야가 우선 되어야 한다. 먼저 교통, 에너지, 물, 위생 정화, 정보통신인 경제성장 하위구조의 계획과 빈곤 축소를 위한 재정에 공헌을 해야 한다. 왜냐하면 어떠한 투자도 필수 하위구조가 부족한 국가에게 진정으로 유리하고 항구적일 수는 없기 때문이다. 지역통합을 향한 전망 속에서 여러 국가들과 연결된 경사진 하위구조를 선호하고 있다. 전기회로 연결과 특히 수송 하위구조로서 카사블랑카-튀니지 간 고속도로, 로지스틱과 직업교육 양성 하위구조가 그 예다. '남-북 수평으로 만들기' 프로그램은 미래 분야를 향하여 경쟁력이 강한 기업의 개선 도구로서 구상화되었다. 그 속에서 국가들은 상호비교우위를 튼튼하게 하거나 구성하는 가능성을 지닌다.

다음으로 접근하고 협의에 의해 제도적, 법적 시스템을 갖추는 것이다. 중앙·동유럽의 경우는 가입과정에서 가장 우선시 한 선결과제 중의 하나가 의사소통을 통한 협상 결과물의 채택이었다. 이러한 협상과정을 통한 의사소통에서 이끌어낼 수 있는 좋은 실제 틀이 정의될 수 있다. 지중해연합 계획안 틀 속에서 유럽연합과 지중해 이남 국가들이 이행할 협상의 대상을 정할 수 있다. 또한 재원 동결을 풀어낼 수도 있다. 사실 진정한 지중해연합은 지역 간 자유교역에 관한 생각만으로 이루어 질 수는 없다. 자유 교역의 원칙을 넘어선 깊이 있는 통합(deep integration)의 요소들을 이해해야만 한다. 행동과 가치 공동체로 점점 구성되어진다. 따라서 검토되고 있는 유로-지중해 중재 법원 창설보다 더 시급한 부분이 예견된다.

결국 재정과 은행 시스템 강화는 자원에 관한 정부 보조금과 저금 확보를 동시에 효과적으로 보장받을 수 있다. 민간 부문의 개발 안에서의 기본 역할로 장기 재정 혹은 재정 수혜를 통하여 이루어진다.

우리는 지중해 안에서 유럽의 직접 투자 확대에 유리한 균형의 틀을 창조해내는 '친구'지역인 '지중해 투자 협정'의 협상을 제안한다. 불운한 다수 국가 선행자들과의 경제 격차 때문에 이 협정은 산업화된 국가 간 투자 흐름에 적합한 참주 표준화를 만들 임무는 없을 것이다. 오히려 주최국들과 적절한 대답을 찾은 외국투자자는 동일하게 망설이며 틀을 구성할 것이다. 협정에는 다음 요소들을 내포하고 있다.

무차별과 투자의 안전성을 보장하는 규칙의 총체를 만들어야 한다.

투자를 희망하는 기업들에게 혜택을 주는 환율에 따른 위험과 넓은 의미에서는 정치적 위험에 대비하여 추가 도구를 만들어야 한다.

　실행하는데 필요한 상황과 환경적, 사회적, '선의의 적용'을 위해 관련 기업들 간 존중해야 한다. 선의의 활용은 기업 측면에서 공정한 참여로 해석되어진다. 이 투자협정 안에서 규제와 조정의 여유를 관리할 수 있는 수익국의 의무가 기재되어 있다.

　이러한 접근방식은 세 가지 장점을 가진다. 구조를 형식화할 수 있다. 구조 안에서 특히 공공-민간 파트너십의 틀 속에서 유럽의 통합개발환경이 번영하기를 희망한다. 투자 수혜국의 사회적인 관심과 민간 기업에 대한 관심은 더욱 잘 결합한다. 또한 믿을 수 있는 동시에 협력의 도구인 많은 부문의 협정에 서명한 국가들에게 접근할 수 있다. 투자에 대한 결정을 장려하고 위험에 대한 인식 변경이 가능한 장점을 갖춘 기업을 선호할 수 있다.
　결론적으로 우리는 통합개발환경을 만드는 것이 지중해연합에서 특별한 장이 될 수 있다고 추천하는 바이다. 다음을 이해해야 한다.
　상호 혹은 다양한 다수출자인들 간 통합조정과 투자 상황을 개선하기 위해 존재하는 재정 자원 간의 통합조정을 이해해야 한다. 통합조정은 다양한 출자인들 사이에 만들어진 지중해에서의 민간투자부문 촉진 위원회의 형태를 취할 수 있다.
　남쪽의 지역 통합을 위한 진보와 의사소통의 부분적인 분배 협상에서 형성된 재정 자원의 갑작스런 수치상승을 이해해야 한다. 협회가입과 현 협회 협정 사이의 매개인 남-북 통합 공간을 구성하는 것이 필요하다. 그것은 필수적으로 산업 재화와 교역의 집보적 자유에 관한 것이다. 형태는 각 부분의 의무와 권리를 구체화한 투자를 위한 지역 협정이자 협상이다.

10.2. 이와 관련하여 전담 다국적 기관을 수립해야할 것인가?

대답은 '예'이다. 왜냐하면 우리가 상기에서 언급했던 선호 사항 중의 하나이기 때문이며 그러한 기관은 재정수단의 다양한 역할을 준수해야 할 것이다. 북쪽에서 남쪽을 향하여 일방통행방식의 쏟아 붓는 보조금 논리와 원조 논리에서 해방될 수 있어야 한다. 따라서 전담 다국적 기관의 효과는 멈출 수 없을 정도로 확실하며, 연구실에서 이루어지는 서구학문이 안락한 지적흐름을 보장해주는 것 이외에 그 효과는 기대를 넘어 일반적일 것이다.

수단이 될 새로운 전담 다국적 기관은 1)통합개발환경의 틀 속에서 역할을 맡아야 하고 2)남쪽 기업들이 재정 수혜를 받을 수 있게 구성 되어야 한다.

통합개발환경의 틀 속에서 유럽과 지중해를 위한 재정 기관은 다음과 같은 세부역할을 해야 할 것이다.

하위구조를 이루는 대형 프로젝트 틀 속에서 장기 투자자들은 주의깊게 참조해야 할 것이다.

　개발국가에 상주하는 지중해 기업을 지원하기 위하여 최근 BEI에 의한 예비 기금 모델에 따르면 이 지역에 투자하는 유럽 기업을 위한 보험기관인 프랑스의 Coface, 일본의 Loan Guarantee Scheme 혹은 JSBCL, 물론 세계은행의 MIGA는 자본의 부분적인 보장 메커니즘으로 투자에 있어 비약적인 발전에 공헌하고 특히 시장의 세그먼트 안에서 이루어졌다.

　더 나아가 남쪽의 기업 재정을 장려하기 위하여 통합에 대한 전망에서 경제 조정 역할을 수행하기 위하여 전담 다국적 기관은 여러 기능을 수행해야 한다.

　유로-지중해 간 파트너십의 위험부담 상승과 보증대출 기능을 수행해야 한다. 이 분야에서 세계의 다른 예를 보면 유로-지중해 간 파트너십에 융자를 직접 해 줄 수 있거나 혹은 공동재정이라고 불리는 혜택을 주는 은행대출로 보충할 수 있다는 점을 보여준다. 일본, 스웨덴, 벨기에와 같은 나라는 직접 원조로 유로-지중해 간 파트너십의 영향을 받는다. 그리고 미국, 프랑스, 핀란드와 같은 나라는 은행을 통하기도 한다. 직접 대출의 경우에는 고유 자금과 유사한 안정 재원을 유로-지중해 간 파트너십에 출자하는 방법이다. 원조는 상환할 수 있는 선불, 종속되는 대출, 전환가능한 채권 등 다양한 형태로 유로-지중해 간 파트너십을 통한 공정을 강화 한다. 공동 재정으로 은행이 예측하는 위험을 제한할 수 있게 해야 한다. 은행은 유로-지중해 간 파트너십이 조정하는 대출을 보장해야 한다. 일반적으로 조정하는 대출 총액은 30%에서 70% 사이이며 보증은 종심에 다룬다. 다시 말해 보증은 차용자가 받는 우발적 보증이라 부르는 미불금 총액과 관련 있다. 피보증인들은 프랑스의 경우처럼 관련 대출의 개인 심사를 통하여 혹은 미국처럼 신용을 담보로 대출하는 유가증권 등 은행의 규정을 따라야 한다. 공동재정과 보증 사이에서 우리는 보너스 대출의 형식을 취한다. 다시 말해 리스크 부분과 대출비용은 유로-지중해 간 파트너십에 의해 지불되는 비율을 낮출 수 있다. 이러한 양식은 은행이 프랑스처럼 유기된 차용자의 신용등급에 대한 검토 없이 자동 방식으로 대출을 부여하는 것이 불리해진다. 소수의 나라들은 유일하게 보증 양식만으로 수락하고 특히 은행의 중재가 매우 높지는 않다. 다시 말해 재정을 위해 은행을 통해야 하는 것이다. 미국과 영국이 그러하다. 스웨덴과 캐나다는 보증조차도 무시한다. 단지 재정상태만을 본다. 그러나 독일, 이탈리아, 일본, 핀란드, 프랑스는 두 가지를 제안한다. 따라서 결국 마그레브측 유로-지중해 간 파트너십은 행정과 공기업이 부가한 지불유예로 페널티가 가해졌다. 프랑스와 미국에서 발달된 양식인 공공채권을 은행에서 할인하는 것을 장려할 수 있다. 또한 파트너들과 급여수령자들의 선택에 많은 요구가 있고 거대한 세계적인 그룹들과 더불어 일을 하는 마그레브의 유로-지중해 간 파트너십을 위하여 특히 특수임대 계약을 통한 로지스틱 설비를 보강하든가 혹은 국제 기준에 맞는 활동들을 위한 재정을 강화해야 한다. 모든 것은 가정될 수 있으며 정보와 평가는 유로-지중해 간 파트너십의 몫이다. 이러한 관점에서 현행의 모델을 통해 아이디어를 얻을 수 있다. 일본, 스웨덴, 캐나다의 원조를 얻어 내기 위하여 긴급 조건이 될 때까지 미국처럼 넓은 정보 콜센터와 프랑스를 제외한 세계 도처에 있는 컨설팅의 도움을 받을 수 있다. 유로-지중해 간 파트너십 하의 지역단체는 리스크를 더 올리는 차용고객이 나타날 수 있다는 점을 인정해야 한다.

의무 시장의 행동 리더로서의 기능은 지역 기업들이 오늘날 피할 수 없고 덜 환영받는 은행 중재에서 제외될 수 있다. 우선적으로 그들은 다른 시장에 대한 투자와 회원국들에 의해 공급되는 의무적인 기금 시스템인 ASEAN+3 틀 속에서 성장한 Asian Bond Funds와 Asian Bond Market Initiative를 본받는 것이 낫다. 오늘날 한국과 태국은 세계에서 빨리 발전된 국가들로서 '공공 의무시장과 민간부문 PIB' 비율을 기록하고 있다.

기금의 기능은 미끼 장치, 자본-리스크, 자본-개발의 민간 공정 분야에서 1993년 이스라엘에서의 시행된 요즈마 프로그램에 따라 보증인으로서 5년 동안 투자자들에게 제공하는 위험 자본 기금 상환 선택이 있다. 초기에 이러한 선택들은 십중팔구 역내에서 실행된다. 그러나 경제활동은 고도의 성장 이후에 기록될 것이다. 그 결과 공적 원조는 산업분야별 투자 방향의 목적으로만 분배하지는 않는다. 지중해측 유로-지중해 간 파트너십의 가장 약점은 순기금이다. 더 쉽고 덜 비용이 드는 은행 재정에 근접하기 위하여 가장 확실한 보증을 제시해야 한다. 또한 외국인 투자가들과 더불어 파트너십 회원국을 연결시켜주기 위하여 필수적인 조건이 성공 수단을 보여줘야 한다.

결국 역내 무역에서 피해갈 수 없는 상환율과 제도권에 의해 실행되는 환율 조정 기능을 고려해야 한다.

상기의 기능에 관하여 현재 재정 전달에 필수적인 제도권의 질문과 재정제도권 창설을 반대하는 논쟁은 적은 편이다. 현재 재정 전달 창구는 FEMIP, BEI, AFD, BAD 등이 있는데 세계은행과 SFI는 1970년대와 1980년대에 수행했던 역할을 더 이상 지역 내에서 하지 않고 있으며 BEI는 약한 재정 비용에 의해 유발되는 소유권 박탈을 이유로 역할을 하지는 않는다. 어쨌거나 제도적 해결을 속단하지 않으며 우리는 두 가지 요소를 강조하는 데에 그쳐야 한다.

본래 그러한 제도는 정부 보조금과 원조 관련 논리를 초월하지 않고 통합의 목표를 겨냥함에 따라 공동체 간이 아니라 다수 국가 간이 되어야 하는 임무를 지닐 것이다.

그 점에 관해서 가장 좋은 점은 전담 다국적 기관이 국가 예산 보조금 창설을 뛰어 넘어 원조를 요구하지 않고 고유 재원을 사용할 수 있는 것이다.

게다가 그러한 유로-지중해 재원이 존재한다는 것을 강조해야만 하는가! 그것은 이민자들의 돈이다. 그러나 이상하게도 거의 혹은 그 누구도 오랫동안 관심을 가지 않았다고 생각되어지는 이민자 유입에 관해 지중해 연안국을 위해서 200억 유로, 마그레브 국가들을 위해서만 1년에 100억 유로를 책정하고 있다. 수혜국 대부분이 은행 유통을 벗어나 있을 만큼 성장했다. 그토록 오랫동안 이민을 통한 이동에 관한 무관심에 놀라지 않을 수 없다. 왜냐하면 만일 마셜 연간 플랜이 평등함을 드러낸다면 마그레브 국가들을 수용하는 모든 국제 원조를 잘 검토한다면 이러한 이동은 모로코의 경우를 제외하고 수신국에서처럼 수용국에서도 정확한 금융 기구가 부족하여 여전히 비공식적인 루트를 통해야만 한다. 1년 전부터 특히 BEI의 노력으로 유럽은행은 이러한 이민자 유입에 관심을 가졌고 사실상 이민자들의 계좌를 염두에 두는 점을 숨기기가 어려웠다. 원조 하에 재분배 되는 기금은 '공동 개발'이라는 미명아래 인정치 않고 국가로 돌아오는 과반수를 더 이상 겨냥하지 않는 이민자 인구 통합은 장려될 것이다. 그러나 남쪽을 위해 만들어진 수입에 대한 손실을 상쇄하기에 충분하다.

그 결과로 만일 공동 개발이 흥미롭다면 위험도 없고 위선도 없다. 반면 이민자 유입에 관하여 단기간 효과를 얻을 수 있다고 생각한 것이 헛되어 보인다. 그러한 생각은 결국 관용 없이는 이루어지지 않는다. 영국의 런던에서 행운을 잡으러 온 많은 프랑스인들을 위하여 적절한 조치를 취할 것이라고 우리가 생각할 수 있을까?

그러나 현상은 여전히 더 놀랍다. 이민자의 이동은 여러 해 전부터 규칙적으로 증가하고 있다. 게다가 정상적으로는 존재해서는 안 된다! 유럽에서 이민자 인구의 항구적인 정립과 가족이 다시 합치는 경우를 통하여 이민자 유입은 낮추어져야만 한다. 그러나 이러한 현상은 설명으로만 가능하다. 이민자의 이동에서 가족 지원 부분은 가장 중요한 것이지만 점점 투자와 부동산 획득 같은 다른 동기가 상승되고 있는 실정이다. 지중해 두 지역 간 소득 차를 고려하여 마치 마그레브 국가는 유럽에서 평균 수준으로 구성 된다. 마치 이민자의 인구가 경제 격차에서 차익을 얻기 위해 이곳에서 저축하고 저기에서 소비하는 것으로 이해되었다. 마그레브 이민자들의 이동이 단지 관광 이전에 인산염 자원을 가진 모로코와 같은 나라의 외국화폐의 출처를 나타내고 눈에 띄게 추구되며 설비와 투자의 기회는 점점 더 필수적으로 국가 개발을 위해 해를 끼치는 부동산 투기를 북돋우는 것으로 보인다. 성장에 대한 중요한 잠재성은 단순하게 겨냥될 수 있는 방식의 가치로 회복된다. 그러니까 재원은 창설될 지중해 기관의 경로를 통해 움직일 것이다.

우선 수신국처럼 유럽에서의 이동 모집을 하는 것은 안전을 보장하고 장려하기 위해서이다. 이동은 낮은 비용에 의해 진행되는데 은행들 간 최고 협력에 의해서 이루어진다. 그러나 이민자들에게 필요한 저축 상품인 유로-지중해 저축 통장은 여전히 제안되어야 한다. 그것은 현금 유동성과 수당에 관해서는 부분적으로 혹은 전체를 보증할 수 있고 규격화된 과세를 보증해야만 한다. 규격화된 과세는 현금 저축 통장, 부동산 저축, 건강 저축, 은퇴 저축, 산업개발과 사유화를 위한 투자 저축이 해당된다.

그러한 저축의 바탕에 투자의 새로운 규칙 차이는 삭제될 것이다. 왜냐하면 보조금은 은행 방침에 위탁된 '변형'에 의존하지 않기 때문이다. 지중해 이남 국가들의 개발이 유럽의 높은 성장을 불러올 수 있다는 것을 단언하면서 북쪽에서 남쪽에게 주는 원조를 재고해야 하는 것이다. 은행이 과잉-유동성인 국가에서는 오늘날 종종 비공식적인 화폐 출자를 변형하고 지불하기 위하여 현금유동성을 주입한다. 소비재 대부분을 수입하는 나라에서는 무역수지와 인플레이션에 직접 영향을 미친다.

상기 언급한 임무는 이러한 유로-지중해 재정 기관에 위탁해야 한다. 그러한 의미에서 이중의 임무는 저축의 안전화된 운용과 생산 재 수당을 보증할 것이다.

  국가 간의 협정에 의해 정의되는 저축 통장 모집은 직접적으로 지중해의 두 부분에 있는 세계은행에 의해 보증되어진다. 기금은 기관에 전체적으로 혹은 부분적으로 위임된다. 무역은행은 모집을 위하여 직접적으로 혹은 그들의 현 콩쿠르에 출자하는 보증 이익을 통하여 보답되어 진다.

  이러한 관점에서 기관은 은행 자체로서가 아니라 은행들의 은행으로 자리매김해야 한다. 그것은 다음을 의미한다. 위험 분석, 자료의 조화, 현행 가격 등 분야에서 요구하는 경쟁 간 혜택을 받는 남쪽의 은행들이 일하는 방식에 영향을 줄 가능성이 있다. 오늘날 폭넓게 결점을 제공하는 유로-지중해 간 파트너십 만큼 은행과 같은 시장의 실제 분야를 강요할 수 있을 것이다. 그 결점이란 종종 있는 검정된 회계 서류의 부재 혹은 단순하게 신뢰할 수 있는 모든 것은 신용 대출에 명백한 장애물이라는 점이다.

  결론적으로 이민을 통한 이동은 지중해 두 쪽 사이에서 불러일으키는 중요 매듭 중의 하나를 나타낸다. 오늘날 필수적인 개발의 전통적인 원조 논리를 뒤집으며 현금을 저축의 흐름으로 변환하는 게 낫다. 왜냐하면 유로 보조금 없이 현금의 막대한 쇄도를 창조할 수 있기 때문이다! 완벽하긴 하지만 비용이 많이 들지 않는 특별한 제도적 모델의 구성을 통하여 여전히 국제적 사다리를 창조하지는 않는다는 것이다. 특별한 제도적 수단과 규칙에 대한 다른 기능이 지역통합의 전망 속에서 필요하다.

마그레브 부의 큰 부분을 차지하는 것은 미국에서 투자되어지는 것으로 천억 유로의 국외 재산과 70억 유로로 평가되는 연간 유입 규모를 산출할 수 있다. 최소한의 의심 없이 시리아는 국외에서 획득된 부가(유력한 평가기관에 따르면) 1,800억 유로에 도달할 것이라는 점이다. 경제성장을 낳을 수 있고 신용문제를 해결할 수 있는 기관의 지역 정립을 위한 기회만을 이끌어낼 수는 없다. 재정적 재투자와 희망, 긍지라는 용어의 모든 의미에서 지역의 재투자를 이끌 수 있는 것이다.

동시에 유럽과 지중해 통합의 전망 하에서 인적이동을 좋지 않게 생각하는 대중 뒤로 지중해연합의 사고가 하나의 의미를 지닌다면 종국에는 공유되는 노동이 있다는 것을 인식해야만 한다. 용어상으로 전체 전망 하에서 은퇴, 개인 보험, 개인 저축관련 문제들을 접하게 될 것이다. 즉각적으로 지역을 위한 개발 전략을 재고해야 한다.

Chapter 11 지역발전 전략

이 장에서는 지중해 혹은 마그레브 각자에 적합한 전략을 정의 내리지는 않을 것이다. 오히려 모든 경제통합은 역내 교역 개발과 관련 있는 직접 투자 분야를 장려하고 예측한다는 점을 강조할 것이다. 몇몇 국가들은 지역과 나아가 세계적으로 우수성을 전개시킬 수 있다.

하기에서 전개될 세 영역은 개별적으로 중요성을 가진다. 로지스틱, 에너지 생산물의 변형, 정보통신 기술이다.

11.1. 로지스틱

로지스틱 지원 없이는 경제 통합도 없다. 그러나 이 분야는 지중해 이남에서 해야될 일이 많이 남아 있다. 마그레브 국가 간의 교역이 매우 약한 수준으로 인하여 로지스틱 토대는 지역 안에서 교역을 조절하는 성장으로 지원해주고 있다. '교통과 교역을 위한 불후의 연안'인 지중해에 대한 끊임없는 상투적인 표현을 제시하기 전에 우리는 지중해에서 꿈을 꾸어야만 하는가! 적용된 하위구조, 완벽한 교통 시스템, 적합한 지역에서 교역이 가능한 분야는 기준과 기한이 억제되고 적자는 막대한 규모이다. 어떠한 것도 목적의 한도에 있지 않다.

게다가 몇몇 대책은 이미 이루어졌다. 알제리에서 항만 분야의 탈 독과점, 무역 활동의 분리, 알제리 항구의 지배적인 운용(1998)이 이미 이루어진 것이다. 노력도 뒤따랐는데 모로코, 알제리, 튀니지 세관에 관한 정보 시스템을 갖춘 것과 모로코와 튀니지 세관에서 전 상품에 대한 신고 참여하기가 그것이다. 다른 사항도 진행 중인데 단일 창구의 설립, 스캐너 설치, 상품 취급장의 사유화, 탕헤르-지중해 항구같은 대형 유통 운반선의 양도 계획 등이 진행 중이다.

그러나 해양 계획에 관하여 저해요인이 많다. 교통은 항구 축소와 관련 있음에 따라 컨테이너 터미널 부족, 불충분한 물 끌어들이기, 해변에 위치한 가게에 해변 세금 폐지, 항구와 선박 정박소에서 오래 기다려야 되는 것이 저해요인이다.

지역 선박은 노후하고 많은 경우에 세계 선박 기구의 안전 코드에 대한 안전 기준(ISPS)을 충족하는 방편 없이 치솟는 비용을 감당하고 있다.

도로교통 계획에서 TIR체제는 덜 작동적이고 덜 사용되어진 채 남아있다. 매우 적은 수의 작동자들은 첫째 보다 더 유리한 제의를 반대하기 위하여 종종 부정한 경쟁에 자유로우며 어떤 직업적인 수준과 관련된 문제에 직면하기도 한다.

이 분야에서 연구와 조언은 넘쳐 나고 첫 임무는 연구와 조언을 취합하여 종합화하며 전망을 세우는 것이다. 특히 농산물, 자동차 부품, 전기 부품, 제조업과 같은 산업의 중요 분야 공급 라인을 위하여 전망을 세우는 것이다. 이러한 기초산업 위에서 국가적인 절차를 조정하고 완화하기 위하여 상품 유통에 관한 유로-지중해 플랜을 규정짓는 게 낫다. 국가적인 절차는 유럽연합과 지중해 이남 국가 사이의 공동 면세 절차와 교통의 다자간 방식에 대한 보험 체제와 과세 개선, 억제와 안전 기준, 위생과 식물위생 제어, 통관 서류가 그것이다.

또한 승객 유치, 착륙 등 마그레브에 오픈 스카이를 구성하고 국제적인 연합 시스템속의 국유 회사 도입으로 마그레브 항공을 개방하는 게 낫다.

유일한 양식은 국가뿐만 아니라 지역 하위구조의 개발을 겨냥할 수 있다. 그리고 이제부터 국제 무역의 실제와 더불어 일치, 흐름의 연쇄추가경영(Supply Chain Management)을 겨냥할 수 있다.

명백하게 이러한 관점이 국가 공권력에 달려있다면 활동, 협의, 참조의 다자간 틀을 제공하는 게 낫다. 각 국가를 위해서 노력은 부가된다. 그러나 어떤 국가들은 지리적인 중간지에 의해서만 최고로 획득할 수 있는 경향이 있다. 튀니지와 모리타니아가 그러하다.

11.2. 에너지 상품의 변형

이제부터는 세부적인 내용이 중요하다. 세계 현 유전 부족을 활용하면서 원유 생산국들은 더 이상 원유만을 생산하기를 원하지 않고 있으며 무엇보다도 석유 정제인 하위부문에 합류하기를 원하는 바다로서 지중해를 연상한다. 따라서 사우디아라비아는 5년 안에 80%의 정제능력을 향상시킬 수 있는 180억 달러 프로그램에 참여하고 있다. OPEP 안에서 회원국들의 계획은 2011년에 하루 590만 배럴인 60% 정제 능력을 향상시킬 수 있는 것으로 평가된다. 지중해 이남의 생산국들은 이 경향에서 벗어나지 못한다. 이 국가들은 미국과 유럽연합을 목적지로 하는 생산의 틀 안에서 석유를 변환하여 가공하는 것을 펼치는 쪽으로 변환할 수 있다. 또한 이 지역에서 특히 아프리카와 걸프 연안국인 제3국가들을 위해서이기도 하다. 마찬가지로 특히 나이지리아에 대하여 알제리는 천연가스 액화를 진행할 것이다.

그러나 왜 석유 정제를 멈추려하는가? 왜 약품과 화학비료를 생산하는 석유화학 부산물과 전기를 생산하는 가스 부산물의 생산 라인에 투자하려하지 않는가? 그러한 상황은 지역 기술과 재정 가능성의 한계를 넘어서고 있다. 그러나 전망은 흥미롭다. 유럽연합의 직접 지원을 통하여 지역통합의 틀 속에서 현실적이기 때문이다. 유럽과 대결해야만 하는 에너지 정책 문제 해결책을 위해 유로-지중해 통합의 중요 매개가 될 것이기 때문이다. 게다가 이 계획은 모든 종류의 통합개발환경을 구축할 수 있을 것이다. 비 생산자 이웃국가들에게 개발의 기회를 제공할 것이기 때문이다. 따라서 만일 알제리가 지중해 이남 국가들 간의 에너지 산물 변형에 기초한 산업 전략 개발에 진정한 후보국으로 자리매김하면 하나 혹은 몇몇 우수한 분야를 개발시키는 모로코와 같은 국가처럼 성장해야 한다.

11.3. 컴퓨터와 정보기술

지중해 국가들은 거의 선택의 여지가 없다. 숙련된 정보통신기술을 획득하든지 기술의 2차 응용분야 면이 강조될 수 있다. 이러한 의미에서 볼 때 정보통신기술 발달의 영향은 이 분야로 국한되지는 않는다. 전통적인 경제활동 분야들 속에서 역할을 하는 기업(공기업이든지 사기업이든지)의 다른 경제활동에서 고려되는 외부 효과를 가져올 수 있기 때문이다. 정보통신기술 통합은 생산 가능성을 개선할 뿐만 아니라 특히 금융업의 관리와 분배를 개선할 수 있다. 금융업은 가장 적합한 예를 제시한다. 다음으로는 행정에 관해서 정보통신기술은 경제적인 효과를 부여할 것이다. 그리고 가장 중요한 사회적인 효과를 부추길 것이다. 결국 지중해 이남 국가들의 행정을 현대화하는 것은 단지 공공서비스의 생산성을 개선하는 것도 아니고 예산 균형에 공헌하는 것만도 아니다. 특히 더 투명하고 더 효과적인 서비스를 목표로 하여 공무원들을 움직이게 하는 수단이 될 것이다. Eumedis 프로그램이 그 중요사례로서 1999년에 제기되었으며 MEDA 9개국 내에서의 12개 모범적인 프로젝트가 그 사실을 증명한다.

그 이상으로 만일 정보통신기술이 지중해 이남 국가들의 최고 분야를 구현할 수 있을지에 대해 자문함이 좋다. 솔직히 말해서 그것은 매우 불확실한 단계처럼 보인다. 질문을 던진다면 일반적이고도 넓게 재현된 것과는 현저히 다른 대답을 가져올 것이다.

따라서 다음과 같이 평가할 수 있다. 지중해 이남은 생산 비용을 최소화하는 것에 전념하면서 정보통신기술 분야의 몇몇 국제 그룹을 위한 통합개발환경의 장이 될 것이다. 그러나 세상의 다른 지역에 비해서 이 국가들의 경쟁력은 그 어떤 것도 없다는 것을 인지해야 한다. 다음을 강조할 수 있다. 많은 call centers는 모로코와 튀니지에서 시작되었고 동시에 뜻밖의 실패분야는 급속도로 국제 투자가들을 위해서 출현한다는 점을 강조해야 한다. 그 결과로 이 시장은 임금의 차이와 언어적 근접성에 근거를 두면서 이미 더 이상 단순하지도 자연스럽지도 않다. 정보통신기술 안에서 지역 발전은 지역의 필요성 그 자체에 부응할 수 있게 해야 하는가? 그것은 신흥국들 안에서 이미 존재하는 가공할만한 경쟁에도 불구하고 틀림없이 정보화 서비스를 위해서 겨냥되어야 한다. 그리고 소프트웨어, e-비즈니스 분야는 특히 지체되었음을 고려하여 지역 시장의 요구에 대한 부응과 국제적인 큰 발행자들에 의해 제품의 응용과 유사한 것을 개발시키기 위해서이다. 이 분야에서의 갑작스럽고 고된 학습의 큰 폭으로 인해 구성부품과 하드웨어를 위해서는 조금 현실성이 없어 보인다.

이러한 상황에서 진정한 진보의 간격으로 인하여 위험자본(venture capital)은 틀림없이 매우 유용하다. 따라서 튀니지에서 SICAR의 특별한 세제혜택을 받으며 활동 범위 안에 정보통신기술 분야의 통합을 기뻐할 수 있다. 그러나 현실을 고려해 볼 때 특히 오늘날 마그레브 사람들의 충분히 고르지 않은 숙련된 영어를 포함하며 위험자본은 매우 넓고 이른 방식이 면제된 양성교육보다 더 결정적으로 많은 발전 요인들을 반영하는 것처럼 보이지는 않는다. 따라서 정보통신과 컴퓨터 소프트웨어, 하드웨어 보급률이 지중해 국가들 속에서 여전히 낮은데 알제리와 모로코에서 인구 1000명당 20명 이하의 보급률을 보이고 있다. 대신 마그레브는 컴퓨터 관련 경제 덕분에 고무되어 있으며 중요 보조금으로 높은 수준의 프로그램화를 수입하거나 국제적인 제안에 대해 태만으로 몇몇 성공으로만 그칠 염려가 있다. 반면 높은 수준의 개발은 유럽과 미국에 정착될 것이다.

또한 결정적인 것은 인프라구조와 관련된 문제들이다. 모로코 텔레콤은 현재 새로운 케이블인 Atlas offshore를 프랑스 마르세유를 향해 제시했고 게다가 Eurafrica시스템과 Sea-Me-We 3&4와 지중해-케이블 모두 마르세유를 통과하고 있다. 동시에 500,000명이 접속할 수 있다. 우리는 그것이 일방적인 발의에 근거를 두고 있다는 것에 주목할 것이다. 그러나 특히 유일한 지역 시장이 정보 서비스 분야에서 매우 중대한 정보활동을 전개하지 못할 때 선호하는 큰 시장을 찾기 위한 이 지역의 국가들을 위해서는 결정적인 것으로 보인다. 걸프만 국가들은 그러한 시장을 드러낼 수 있지만 그들은 이미 많은 구애를 받았고 SSII, 미국과 유럽의 발행인들에 의해서 그러하다. 뿐만 아니라 남아프리카처럼 몇몇 국가들은 마그레브 국가들보다 이 분야에서 더 도전적인 면을 보여준다.

요컨대 모든 질문은 그곳에 있다!. 마그레브가 국경을 넘을 것인가? 가능한 한 가장 빨리 그렇게 하기를 희망하고 있는 듯이 보인다. 왜냐하면 그들의 모든 방침을 발전 전망 하에 두는 뱃머리가 거기에 있기 때문이다. 만일 지역의 경제 통합이 세계적 수준에 관여할 수 있다면 지중해 이남의 미래가 북쪽 시장을 사로잡을 수 있는 가능성 안에서 어떤 비교우위의 이익으로 동쪽 혹은 서쪽 시장까지 확대할 수 있음을 의미한다. 가장 공격적인 신흥국들은 그것을 잘 이해하고 있다. 인도 SSII Wipro는 미국의 Infocrossing을 재인수했고 중국의 Lenovo는 IBM의 PC활동과 Packard Bell을 다시 인수했다. 마그레브 기업들은 틀림없이 머물러 있지 않고 이 분야에서의 참여와 외국어 학습에 몰두해야 한다. 이러한 첫 통합 개발환경은 최소한 수련의 타이틀을 희망하고 있다. 그것은 빠른 편인데 왜냐하면 틀림없이 대담함보다 수단에 덜 관여하기 때문이다.

Chapter 12 인적 이동의 재균형화

'인적 이동의 재 균형화'란 문구는 틀림없이 진부한 얘기지만 이민에 대한 까다로운 문제를 사회, 문화, 안전이 아닌 경제의 축에서만 다루려는 목적이 있다. 엄격한 관점에서 볼 때 경제학자는 다음을 강조한다. 선별적인 이민 정착은 지중해 양쪽에서 희망하는 것으로 보인다. 이민을 통해 복잡한 문제제기의 세부 항목 안으로 더 이상 개입하지 않아도 되고 다른 관점에서 인적 교류를 이해하기 위한 것으로 추측할 수 있다. 그러나 이 장에서는 경제학자가 너무 빨리 어떤 생각을 재검토 하려는 것은 아님을 밝혀둔다.

유럽은 냉혹하리만치 노쇠하다고 평가받고 있다.

유럽여성들은 평균적으로 일생동안 1.4명의 아이만을 출산하지만 반면 인구 교체를 위해서는 미국이 초월한 수치인 최소한 2.1명이 필요하다. 프랑스와 아일랜드는 유럽의 다른 국가들에 비해 앞서가고 있다.

유럽 15개국의 오늘날 인구 평균 연령은 38.5세로 2050년엔 48.5세가 될 것이다.

이민 유입의 추월과 여성의 2.1명 출산율과 함께 유럽은 2050년에는 젊은이 2.5명당 노인인구가 4명으로 오늘날 1명과 달리 연금 지급 문제가 불가피하게 대두될 것이다. 연합의 확대는 이 현상에 대해서 재 균형을 찾을 것이다. 이 연구의 대부분은 중앙·동유럽 국가 내에서 30년간 3백만 명에서 5백만 명으로 잠재적인 이주에 대한 예측을 제시하고 있다. 동일 기간 중에 3/4은 독일과 오스트리아를 향할 것이다. 그러나 인적자원의 이러한 공헌은 사람들이 예상하듯이 빠르고 단순한 방식으로 이루어지진 않는다. 우선 새로 진입하는 이주민에게 있어서 출생률의 하락과 경제 인플레이션 하의 가계적자 현상은 인구 이동에 제동을 걸만큼 중요 구성요소가 될 것이다. 특히 협력 조약의 틀은 이동을 위한 '연통관'의 메커니즘을 늦추는데 5년에서 7년까지 중간과정을 규정짓고 있다.

다음은 명확하다. 지중해 양쪽의 이민 유입 증가는 경제적인 것만큼 사회적이고도 정치적인 문제를 제기하지 않은 채 진행되지는 않는다. 그러나 5천6백만 명의 이민자들과 이민자 자녀들은 미국인구의 5위로 미국은 이민자를 받아들이는 사회적 비용이 우리에 비해서 2배 이상이다. 유럽의 3.5%에 비해 미국은 6.6%인 것이다. 미국 인구는 2050년에 3억3천육백만 명에 도달하기 위하여 5천2백만 명이 미국시민으로 새롭게 성장해야 한다. 반면 15개국 유럽은 전체 3억 8천만 명에 도달하기 위하여 4백만 명만 더하면 된다. 경제의 경쟁분야에서의 격차를 보고 전혀 놀랄 일은 아니다. 점점 더 유럽인들은 미국에 정착된 높은 저축률을 근거로 미국 젊은이들의 고등교육에 필요한 재정을 위해 사용될 것으로 보고 있다. 유럽에서는 동일한 시기에 18%에서 12%로 하락된 반면 오늘날 22%에서 2050년엔 인구의 24%를 구성하게 될 것으로 평가하고 있다.

여기에 사실이 있다. 그러나 그들이 노인에게는 기계의 도움으로 향상되는 수명 연장이 좋은 측면으로 간주되는 상대적인 이 노쇠함이 유럽을 메마르게 한다는 것을 지적하고 있는가? 어떤 정확한 양식에 의해서인가? 그 점에서 출발하여 유럽의 어떤 조치는 이민을 필요로 하고 있는가? 그것은 틀림없이 복잡한 문제이다. 너무 단순한 대답을 경계해야 한다. 이 의미에서 논쟁은 전개될 수 있다. 이민을 통해서 제3국가의 젊은이들은 침체기에 있는 노후화된 세계를 구할 것이다. 게다가 유목민(노마드) 무리에 의한 유럽의 침입을 두려워하는 이민 반대론자들이 상승하고 있다. 2010년부터 아랍 국가와 터키에서 노동시장에 활동하는 젊은이들의 도래는 급속도로 사하라 이남 아프리카를 제외하고 1980년대 시작된 낮은 출생률은 교착될 것이다. 따라서 신생국들은 유럽에서 미래를 잊어버리는 상상을 하는 젊은이들을 더 양산하게 될 것이다. 해외이주의 문은 유럽에서는 대형 문이 될 것이고 그것은 당장은 진정한 '침입'을 행하는 것을 제외하고 수명을 연장함으로서 기계적으로 상승하는 비 활동 인구의 상대적인 측면이 거의 변하지 않을 것이다. UN은 예측했다. 프랑스가 60세 이상 인구 한 명당 15세에서 60세 이하 인구 세 명을 유지하기 위해서는 1년에 92만 명의 이민자가 필요하다는 점이다.

이러한 단계를 통해 유럽에서의 이민자 필요성은 결정짓기 어렵다. 그것은 명확하다. 지중해연합이 미래에는 갖가지 형태를 갖춘 이민자 유입으로 폭넓게 횡단되는 공간이 될 것이다. 왜냐하면 현재부터 나타나는 인력의 큰 적자가 확인되고 있기 때문이다. 그것은 노쇠함과 관련이 있는 것이 아니라 학업 인프라구조의 품질 불평등과 주거비용, 이동하는 맞벌이 가정과 같은 생활방식과 노동시장에서 성장하는 전문화와 관련이 있다. 이동이 더 이루어지며 덜 까다로운 외국노동력의 고용 요구는 최선의 답이 될 것이다. 이러한 상황에서 점점 더 고용확대를 위한 이민은 국가들 사이에서 서로 경쟁하는 목적이 될 것이다. 결국 유럽연합은 다음과 같은 현실을 파악해야 한다. 아랍 국가들과 터키 출신의 대학 학위자 이민자의 겨우 10%가 모국에 정착하러 돌아갈 것이고 그들 중 58%는 오히려 미국이나 캐나다를 선택할 것이다. 동시에 이민자의 프로필은 전속될 수 있다. 오늘날의 이민에 관한 의미는 자격의 명칭이 무엇이든지 간에 일시적인 이민 해결책을 채택하기 위하여 또는 이중국적을 유지하기 위하여 출신국과 수용국인 두 국가 사이에 발을 유지하기 위하여 특히 격차의 시세차이를 노려 이익을 보기 위하여 이곳에서 저축하고 저곳에서 소비하기 위해서다. 프랑스에서는 공식적으로 1990년과 1994년 사이에 입국자 100명 중 단지 55명이 1999년까지 남아있다는 통계가 있다. 이동성에 대한 새로운 이 논리를 이해하면서 마그레브 국가는 최근에 이민자들의 이중국적을 장려하기 위하여 특히 수용국에서 태어난 세대를 겨냥하여 조치를 취하고 있다. 프랑스의 비자 정책은 여전히 결정적인 이민을 저지한다. 이민자 인구는 진정으로 프랑스 사회로의 완전한 통합에는 관심이 없고 반면 그들의 이중 국적관련 이익에 전념하고 있으며 그들의 프랑스 사회에 대한 배타심은 더 강렬한 방식으로 과시되는 것으로 이해하기 때문이다. 역설적으로 실제 마그레브 이민자들의 유럽 세대들은 그들 부모보다도 수용국 속에서 사회적 통합이 덜 되었다고 평가

받는다. 이러한 현상은 독일에서의 터키 인구가 입증하고 있는 바다. 이 현상 뒤에는 개선되어야 할 통합의 새로운 방식이 그려진다. 정체성의 요구는 점점 더 국가적인 서열에서 생생한 반면 초국가적인 서열을 도입하는 것이 시급하다.

  지중해의 다른 쪽에 관해서 살펴보면 지난 인구의 유입과 더불어 공동 조치 없이 젊고 교육받은 인구가 노동시장에 접근하는 데 가장 큰 문제가 있다. MENA존에 대한 세계은행의 최근 보고서에 따르면 이 사안에 대하여 경보를 울리고 있다. 2000년에서 2010년 사이 경제활동 인구로 입국한 수는 지난 10년 간의 새로운 입국자들과 중복될지라도 평균적으로 연간 4백20만 명이다. 따라서 이 새로운 인력을 흡수하기 위하여 경제성장이 있어야만 한다. 4천만 명 고용이 이미 지나치게 상승된 것으로 간주되는 현 수준의 실업률을 유지하기 위해 향후 15년 동안 이 국가들에서 인력이 창출될 것이다. 그러나 이 문제는 여전히 더 복합적이다. 이 국가들에서 중요한 교육적 노력은 과거를 통해 더 높은 인구증가의 기대치를 만든다. 따라서 이민은 생존이 아니라 교육과 미디어가 태어난 국가에서 전혀 도달하지 않기 때문에 기대와 희망을 확대하려는 의지와 관련이 있어 보인다. 이러한 상황에서 성장은 이민 문제에 즉각적인 대답임을 믿을 수 있다. 교육의 노력에 의해 이끄는 모든 것은 반면 첫 단계에서 과장될 위험이 있다.

따라서 제기된 문제에 대해 급속도로 문제의 복잡성을 평가하지 않고 답을 가져오는 것은 힘들어 보인다. 어쨌든 우리는 제안한다. 유럽의 이민 정책은 국가로 돌아오는 메커니즘에 추진 장치를 달면서 오늘날보다 더 격심한 공식적인 이민 유입을 인정해야한다. 가장 실용주의에 의해 영감을 받아야 한다. 왜냐하면 북쪽을 향한 남쪽의 꽉 막힌 욕조 배수(bain drain)를 증대시키는 것은 항구적일 수 없는 유럽의 성장 없이는 막힌 부분을 뚫는 북쪽이 필요하기 때문이다. 따라서 추구해야 한다. 지중해 이남 국가들과 더불어 이 협정으로 유럽이 필요로 하는 인력을 활용하게 할 수 있다. 남쪽 국가들이 학위자의 이동과 인적 자원의 문제를 잘 제어하는 것을 도울 것이다. 따라서 모든 이민 정책은 필요성을 증명하는 규정 분야와 상호 협정에서 최초 고용과 교육을 통한 양성 관련 실제 공동운영에 방향을 맞추어야 한다. 그것은 선별적인 이민을 가능하게 한다. 선별된 자들과 관련 있는 것이 아니라 다른 옷을 입기 위해 국가의 옷을 벗지 않고 필요성을 이해하며 노동과 교육을 통한 양성을 공유하는데 기초를 삼는다. 가능한 한 가장 유동적인 교육양성과 고용은 피할 수 없는 결과를 따른다. 저축, 개인보험, 퇴직보험이 그것이다. 요약해서 보면 프랑스에서 출생한 이민세대는 이중 국적을 만들어낼 수 있다. 왜냐하면 양국 국민들의 존재를 충분하게 강조할 수 없기 때문이다. 만일 그것에 가치를 둔다면 경제 개발에 관한 전통적인 계획을 감각적으로 전복시키는 것이다. 결국 출신국을 위해서 이러한 양 국가는 더 발전된 국가에 대하여 만회할 필요성에서 빠져나오는 멋진 기회를 제공한다. 따라서 양 국가의 영향은 국제 표준에 따라 지역 잠재성을 가져다주는 구성 자본을 통해 국가에 이익을 가져다주는 것이 아니다. 일종의 목적은 유럽에서 교육받거나 출생한 젊은 인구를 데려오는 것이다. 가치를 부여하고 부모들의 나라에 유산을 처분하는 것을 고려하는 것이다.

물론 모든 것은 매우 실용적인 조치를 통과한다. 비자, 장학금, 남쪽에 존재하는 직업교육의 틀 속에서 유럽 대학과 연구자들의 존재와 비용이 많이 들고 무거운 주제로 여러 번 언급된 하나 혹은 여러 개의 유로-지중해 대학 설립을 겨냥한다. 게다가 그러한 조치는 그것을 구성하는 세 가지 축 즉, 난민의 위상, 보호 정책과 비자 정책의 틀 속에서 유럽의 진정한 이민 정책을 정의해야 할 것이다.

이 분야에서 최고의 권한을 행사하는 모든 정책은 다소간 인간이 가장 중요한 카드 패와 더불어 유럽 국가 간 카드게임에서의 클럽 잭(mistigri)을 겨냥할 수 있다. 결국 불법이민에 대항하여 보강된 싸움은 효과적으로 공동체의 계급을 만들 수 있다. 유럽 국경들을 지키는 진정한 경찰 창설과 비자 서류 은행에 의해 놀이를 하는 것을 고의로 거부하는 국가들에 대하여 공동으로 보복 조치를 거쳐야 한다. 규정짓기도 어렵고 실제 운영하기에도 어렵지만 그러나 이 모든 문제들은 더 이상 경제학자들의 관할영역만이 아니다.

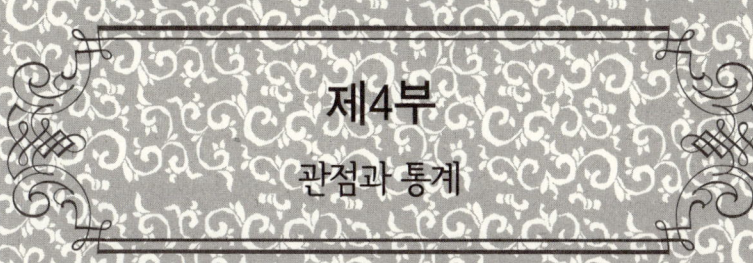

Chapitre 13 지중해 국가들 : 유럽이 그들과 가까워지지 않는다면
미국이나 중국이 대신할 것이다

Chapitre 14 EU와 지중해 국가들과의 관계
14.1. 무역 관계
14.2. 인적 관계
14.3. 재정 관계

Chapitre 15 유럽은 지중해 국가들과의 관계를 형성하는데 있어서
미국, 중국과 경쟁관계에 있다

Chapitre 16 유럽과 지중해의 재정공간을 위한 방침들
16.1. 유럽연합의 재정 서비스 정책
16.2. 지중해 경제를 위한 은행 중재의 이로운 점

Chapitre 17 기업분야에서 유럽과 지중해의 협력
17.1. 세 종류의 동물
17.2. 제기되는 문제들
17.3. 세 가지 변치 않는 사항들
17.4. 세 가지 상호보완점
17.5. 두 가지 지각

제4부 | 관점과 통계

Chapter 13 지중해 국가들 : 유럽이 그들과 가까워지지 않는다면 미국이나 중국이 대신 할 것이다

지중해 이남 국가들과 유럽연합의 경제, 상업, 인적, 재정의 비교는 다음 장(Chapter 14)에서 보여줄 것이다. 만일 유럽과 지중해 국가들 사이의 가까운 관계가 실패한다면 그들은 미국과 중국과 같은 다른 파트너를 쉽게 찾을 것이다.

Chapter 14 EU와 지중해 국가들과의 관계

우리는 북아프리카 5개국에 관심이 있다. 이집트, 리비아, 튀니지, 알제리, 모로코. 이 다섯 국가들은 2007년도에 유럽연합 15개국 GDP의 9.3%를 달성했다(그래프 1a참조) (구매력 단위는 달러). 그들의 인구는 유럽연합 15개국에 비해 60%를 상회하는 2억

4천만 명이다(그래프 1b참조).

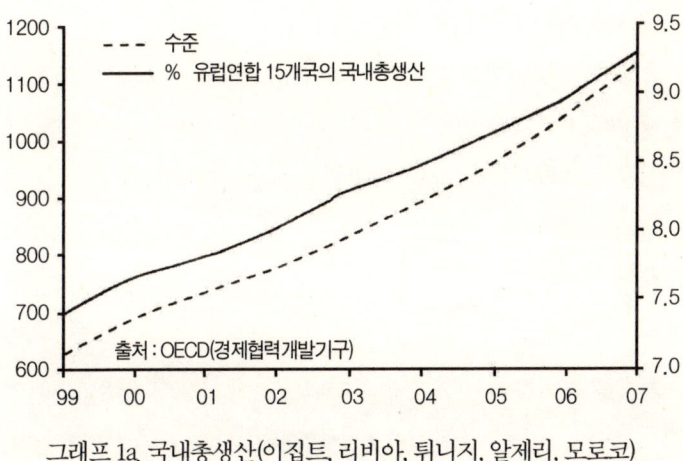

그래프 1a. 국내총생산(이집트, 리비아, 튀니지, 알제리, 모로코)

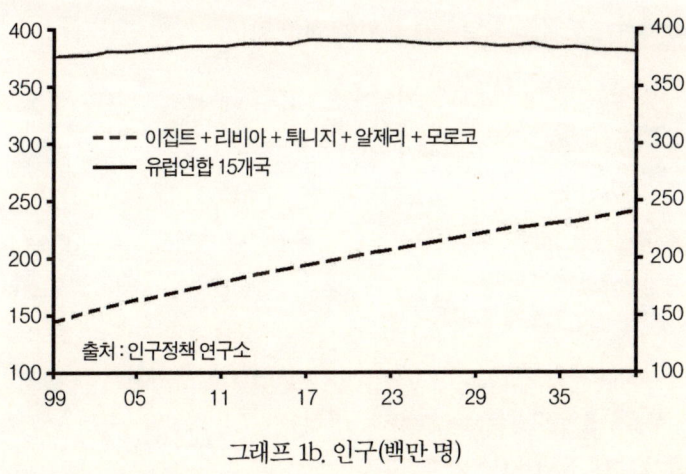

그래프 1b. 인구(백만 명)

따라서 국가의 실질적인 실행 그룹과 관련이 있다.

유럽연합과 그들의 관계는

무역관계를 이루고 있고;

유럽을 향한 이민으로 인한 인적관계를 이루고 있으며;

재정적인 관계를 이루고 있다. 이 국가에서의 유럽의 투자, 이민자들 저축금액의 본국 송금이 중요 요인이기도 하다.

14.1. 무역 관계

지중해 국가들의 주요 무역파트너는 오래전부터 유럽연합이었다. 그러나 미국은 이집트와 알제리의 경우에서 눈에 보일 정도의 무게감을 드러내고 있다. 그리고 이집트, 알제리, 모로코의 경우에서는 중국도 활발하게 교역을 하고 있다.

이집트 : 지역별 수출 · 입 관계(2006)

수출	전체(%)	수입	전체(%)
미국	11.25	미국	11.25
유럽연합 15개국	41.35	유럽연합 15개국	29.49
일본	1.91	일본	3.13
중국	0.96	중국	8.12
러시아+중앙, 동유럽	1.35	러시아+중앙, 동유럽	6.14
석유수출국 회원국	8.98	석유수출국 회원국	8.98

출처 : FMI, NATIXIS

리비아 : 지역별 수출 · 입 관계(2006)

수출	전체(%)	수입	전체(%)
미국	6.14	미국	4.46
유럽연합 15개국	75.59	유럽연합 15개국	47.36
일본	0.05	일본	2.01
중국	3.99	중국	7.41
러시아+중앙, 동유럽	0.25	러시아+중앙, 동유럽	1.59
석유수출국 회원국	0.69	석유수출국 회원국	2.63

출처 : FMI, NATIXIS

튀니지 : 지역별 수출 · 입 관계(2006)

수출	전체(%)	수입	전체(%)
미국	3.96	미국	2.46
유럽연합 15개국	72.62	유럽연합 15개국	70.88
일본	0.59	일본	0.58
중국	0.40	중국	2.42
러시아+중앙, 동유럽	0.58	러시아+중앙, 동유럽	3.81
석유수출국 회원국	8.17	석유수출국 회원국	6.52

출처 : FMI, NATIXIS

알제리 : 지역별 수출·입 관계(2006)

수출	전체(%)	수입	전체(%)
미국	26.37	미국	4.84
유럽연합 15개국	50.34	유럽연합 15개국	52.84
일본	0.21	일본	1.87
중국	0.23	중국	8.52
러시아+중앙, 동유럽	0.23	러시아+중앙, 동유럽	4.91
석유수출국 회원국	0.41	석유수출국 회원국	1.55

출처 : FMI, NATIXIS

모로코 : 지역별 수출·입 관계(2006)

수출	전체(%)	수입	전체(%)
미국	3.83	미국	3.77
유럽연합 15개국	60.90	유럽연합 15개국	55.28
일본	1.35	일본	1.08
중국	2.46	중국	6.83
러시아+중앙, 동유럽	3.06	러시아+중앙, 동유럽	2.72
석유수출국 회원국	2.70	석유수출국 회원국	13.20

출처 : FMI, NATIXIS

한편 이 다섯 국가들은 유럽연합 15개국 수출의 4%를 나타낸다. 수출은 순전히 2003년도부터 성장한 것이다. 그러나 유럽연합은 에너지와 더불어 지중해 국가들에 대하여 중요 무역의 적자를 가져왔다.

유럽연합 15개국 : 이집트, 리비아, 튀니지, 알제리, 모로코 수출(년)

	Mds 유로(년)	전체(%) (외국)
2000	31.46	3.81
2001	32.83	3.78
2002	32.76	3.76
2003	32.06	3.80
2004	36.07	3.91
2005	40.96	4.03
2006	39.75	3.59

출처 : FMI, NATIXIS

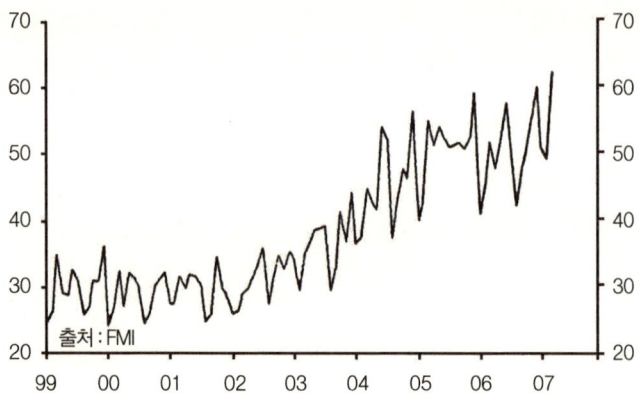

유럽연합 15개국 : 이집트, 리비아, 튀니지, 알제리, 모로코 수출(년)

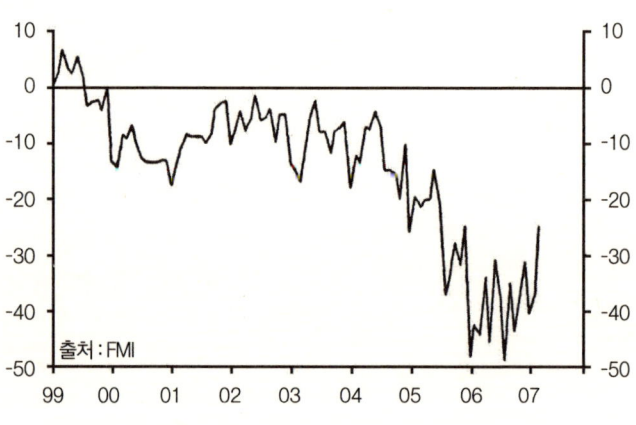

유럽연합 15개국 : 이집트, 리비아, 튀니지, 알제리,
모로코 간 무역균형(년 Mds 유로)

결국 교훈은 다음과 같다.

유럽연합 15개국은 지중해 5개국의 중요 무역 파트너이다. 그러나 미국과 중국 역시도 무시할 수 없는 무게로 다가옴을 알 수 있다.
유럽연합 15개국과 이 다섯 국가들 간의 무역은 실질적인 내용이 풍부하고 유럽연합 15개국은 이 국가들을 향한 수출을 확대할 필요성이 있다.

유럽연합 15개국은 특히 이 국가들로부터 원료를 수입하고 설비재와 소비재의 수출을 장려해야만 한다.

유럽연합 15개국 수입품목
이집트, 리비아, 튀니지, 알제리, 모로코 (%, 2005)

총	64.45
1차산물	41.95
기초제조품	1.95
중간재	1.88
설비재	3.20
복합재	7.77
소비재	7.56
기타	0.17

출처 : CHELEM

유럽연합 15개국 수입품목
이집트, 리비아, 튀니지, 알제리, 모로코 (%, 2005)

총	100.00
1차산물	6.43
기초제조품	6.49
중간재	23.96
설비재	30.40
복합재	14.10
소비재	15.69
기타	2.93

출처 : CHELEM

14.2. 인적 관계

인적 관계는 마그레브 국가들의 유럽연합을 향한 이민과 관련된 문제이다. 알제리와 모로코로서는 매우 중요한 사안이고 보다 적은 수이기는 하지만 튀니지도 중대 사항임은 분명하다(다음 도표 참조).

유럽연합 15개국행 이민유입(천명)

	알제리	이집트	리비아	모로코	튀니지
2000	5.5	4.7	0.2	63.1	4.7
2001	9.3	4.1	1.0	58.5	3.6
2002	5.4	4.1	0.3	61.6	5.9
2003	38.5	7.9	0.3	126.6	18.0
2004	36.2	5.5	2.9	104.4	12.2
2005	8.4	4.1	1.0	89.5	3.2
2006	-	-	-	-	-

출처 : Eurostat, NATIXIS

14.3. 재정 관계

2004년부터 이 다섯 국가들은 중요한 직접 투자를 받고 있다.

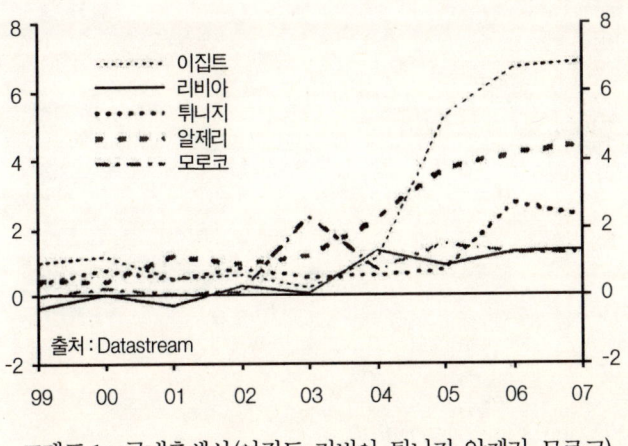

그래프 1a. 국내총생산(이집트, 리비아, 튀니지, 알제리, 모로코)

특히 모로코와 튀니지를 위한 투자는 유럽연합에서 시작된다. 이집트를 위한 투자는 미국, 알제리를 향한 투자는 미국과 유럽, 그리고 통상금지 이전의 리비아를 위한 유럽의 투자가 그 사례이다.

직접순투자

총 %	모로코(2004)	튀니지(2003)	알제리(2001)
유럽	82	81	36
북미	5	9	30
일본	0	0	1
아프리카	1	1	31
중남미	0	0	0
중동	11	9	2
기타 신생국 아시아			
중국과 인도	1	0	0
총	100	100	100

출처 : 세계은행

이집트의 직접순투자

총 %	2005	2006
미국	53.91	28.81
유럽연합 15개국	27.20	20.74
중동	3.70	23.79
스위스	0.66	0.72
기타	14.53	25.93
총	100.00	100.00

출처 : Datastream, NATIXIS

리비아의 직접투자

	1998	1999	2000	2001	2002	2003	2004
프랑스	-	9.6	6.4	-47.4	-	-	-
독일	97.8	-	-	210.3	-248.4	-256.2	-270.7
파키스탄	4.0	3.9	4.3	4.1	2.1	-	-
미국	-61.0	38.0	3.0	2.0	2.0	3.0	4.0

출처 : UNCTAD, FDI/TNC database

따라서 이 국가들의 투자자로서 미국이 새롭게 출현한 것으로 보인다. 이 국가들과 유럽 간 다른 재정 관계는 리비아를 제외하고 큰 규모의 총액을 본국으로 보내는 이민자들의 저축에서 기인한다.

이민자 본국 송금액

년도	이집트		리비아		튀니지		알제리		모로코	
	국내총생산	Mds 달러	국내총생산	Mds 달러	국내총생산	Mds 달러	국내총생산	Mds 달러	국내총생산	Mds 달러
1990	8.90	-	-	-	4.00	-	-	-	6.60	-
2000	2.80	2.85	0.03	0.009	4.10	0.80	1.46	0.79	6.50	2.16
2001	3.00	2.91	0.03	0.010	4.60	0.93	1.22	0.67	9.60	3.26
2002	3.50	2.98	0.03	0.007	5.10	1.07	1.91	1.07	8.00	2.88
2003	3.50	2.96	0.03	0.008	5.00	1.25	2.65	1.75	8.20	3.61
2004	4.00	3.34	0.03	0.010	5.00	1.43	3.19	2.46	7.70	4.22
2005	4.70	5.02	0.04	0.015	4.60	1.39	2.19	1.95	8.30	4.59
2006	4.65	5.02	0.03	0.015	4.99	1.50	2.58	2.53	7.98	5.05

출처 : 세계은행

전체적으로 이 다섯 국가들은 낮은 비율이긴 하지만 미국과 함께 그리고 유럽과 함께 매우 중요한 무역, 인적, 재정관계를 이루고 있음을 알 수 있다.

Chapter 15 유럽은 지중해 국가들과의 관계를 형성하는 데 있어서 미국, 중국과 경쟁관계에 있다

직접 투자와 교역을 위해서 뿐만 아니라 사실은 다른 분야에서도 그렇다는 점에 주목해야 한다.

몇몇 지중해 국가들은 매우 중요한 군설비재를 필요로 하고 있고 유럽, 미국, 러시아, 중국은 이 미개척시장에 대해 경쟁관계에 있다.

군사비(Mds 달러)

	1999	2000	2001	2002	2003	2004	2005	2006
알제리	1.9	2.2	2.2	2.5	2.5	2.8	2.9	3.0
이집트	2.2	2.4	2.6	2.7	2.8	2.7	2.6	2.7
리비아	0.3	0.3	0.3	0.4	0.5	0.7	0.7	0.7
모로코	2.0	2.0	2.2	2.3	2.3	2.3	2.3	2.3
튀니지	0.4	0.4	0.4	0.4	0.4	0.4	0.5	0.4

출처 : SIPRI, 스톡홀름 국제평화 리서치 센터

필요성이 증대된 미국과 중국은 매우 중요한 보유고를 지닌 리비아와 알제리와 대면한 유럽과 함께 에너지 자원 접근을 위한 경쟁에 진입할 것이다. 오늘날 유럽은 훨씬 전부터 이 두 나라에서 가스와 석유의 가장 중요한 구매자였다. 게다가 지중해 다섯 국가들은 다른 원자재가 풍부하기도 하다. 알제리의 아연, 납, 우라늄, 인산염, 철, 이집트에서의 아연, 납, 석고, 망간, 인산염, 리비아의 석고, 모로코의 아연, 납, 망간, 철, 인산염 그리고 튀니지의 아연, 납, 철, 인산염이 그것이다.

보유현황

년도	알제리		리비아	
	천연가스 (M3 조)	석유 (배럴 Mds)	천연가스 (M3 조)	석유 (배럴 Mds)
1999	4.52	11.31	1.32	29.50
2000	4.52	11.31	1.31	36.00
2001	4.52	11.31	1.31	36.00
2002	4.52	11.31	1.50	36.00
2003	4.55	11.80	1.49	39.13
2004	4.55	11.80	1.49	39.13
2005	4.50	12.27	1.32	41.46
2006	4.50	12.27	1.32	41.46

생산현황

년도	알제리		리비아	
	천연가스 (M3 조)	석유 (배럴 Mds)	천연가스 (M3 조)	석유 (배럴 Mds)
1999	86.01	1.33	4.72	1.43
2000	84.41	1.39	5.33	1.48
2001	78.24	1.32	5.61	1.43
2002	80.37	1.36	5.63	1.38
2003	82.83	1.35	5.81	1.49
2004	82.01	1.36	6.20	1.62
2005	88.22	1.37	11.30	1.75
2006	84.47	1.37	14.80	1.84

출처 : CEDIGAZ, BP

알제리와 리비아가 누구에게 석유를 파는가?

	미국	캐나다	멕시코	중남미	유럽	아프리카	호주
북아프리카 수출	14.8	3.6	0.1	1.7	38.9	1.3	0.0

	중국	일본	싱가포르	기타 아시아	기타 세계	총
북아프리카 수출	1.5	0.1	0.1	2.1	0.3	64.5

출처 : BP

틀림없이 미국과 중국 간 무역 협정에 의한 발전으로 다른 한편으론 지중해 국가들과의 무역협정에 의한 발전으로 설명될 것이다. 또한 중국이 제공하는 아프리카 개발 원조 상황이 설명될 것이다.

아프리카를 위해 CAD가 약속한 개발원조(Mds 달러)

	2000	2001	2002	2003	2004	2005	2006	2007	2008	2009	2010
총	67	68	72	75	79	105	99	97	105	117	130
아프리카 직접	21	22	25	29	28	35	39	32	38	44	50

* CAD : OECD 회원국으로 구성된 개발원조 위원회
출처 : OECD 개발협력 리포트 2006, p.18

아프리카를 위한 중국의 개발원조(Mds 달러)

관련부채 삭감	향후부채 삭감	기간내 선호준비율	수출신용 (2006~2009)
1.42	1.30	3.00	2.00

출처 : OECD 개발협력 리포트 2006, p.18

1995년 11월 28일에 채택된 바르셀로나 선언을 통한 협정체결 하에 유럽연합은 지중해 국가의 1/3을 차지하는 지중해 동남지역에 위치한 12개국인 알제리, 키프로스, 이집트, 이스라엘, 요르단, 리비아, 몰타, 모로코, 팔레스타인 자치정부, 시리아, 튀니지, 터키와 관계를 맺고 있다.

따라서 안정궤도에 있는 파트너십은 이전에 존재했던 상호협

정으로 대체되고 있다. 새로운 협정체결은 다음의 세 가지 분야를 주요 목표로 삼고 있다. 평화, 안정성, 안전을 목표로 하는 정치 분야, 지중해 지역에서 2010년 자유무역지대를 점진적으로 만들어가고 재정·경제 파트너로서 경제 분야, 그리고 회원국들 간의 친교를 위한 인적·사회문화 분야가 그것이다.

경제와 교역 분야로는 자유무역지대 창설을 예상할 수 있는데 2010년 세계무역기구의 책임 존중 하에서 교역의 필수 부분을 옹호해야만 할 것이다. 바르셀로나 프로세스가 결의된 지 10년이 지난 후 산업품에 대한 무역 자유화는 명백한 현실이 되었다. 지중해 국가에서 나오는 모든 제품은 무관세로 유럽연합 시장에 접근하고 있다. 일반적으로 지중해 국가들은 12년 동안 과시했던 관세부분의 점진적인 철폐 과정이 자리를 잡은 것이다.

게다가 농산물 교역의 자유화 과정도 또한 폭넓게 진행되고 있다. 지중해 국가들에서 수입되는 농산물의 80%가 무관세로 혹은 특별세율로 유럽연합으로 입국한다. 상호적으로 유럽 농산물 수출의 1/3은 지중해 국가들 내에서 특별 세율의 혜택을 받고 있다.

미국과 지중해 국가들 간의 무역협정은 더 정확하고 더 쌍무적인 특징을 갖고 있다. 미국과 모로코 혹은 알제리 간의 자유무역협정이 존재한다. 그러나 그들의 경제 역량은 사실상 제한적이다. 미국은 중동과 마그레브 국가와의 자유무역지대를 2010년에서 2015년 사이로 기간을 정해서 창설할 계획이다.

결국 중국에 관해서는 일련의 정확한 쌍무 협정이 제 기능을 할 것이다. 특히 중국에 원자재 공급 분야를 보장할 수 있을 것이다. 그 대신에 중국은 지중해 관련 국가에 투자를 할 수 있다.

결론은 유럽이 지중해 국가들과 가까워지기 위해서 빨리 전진해야만 한다는 점이다.

유럽연합의 무역, 인적, 재정 관계는 명확하고도 중요한 사안이다. 그러나 원자재의 필요와 판로 추구를 위해 미국과 중국 같은 다른 국가들이 이 지중해 국가들에 가까워지기 위해 노력하고 있으며 원조와 자유무역협정을 제한하도록 이끌고 있다. 유럽연합의 대처는 시급하다.

Chapter 16 유럽과 지중해의 재정공간을 위한 방침들

비록 지중해 이남의 상황이 거시 경제 성과상으로 고르지 않다 하더라도 유로-지중해 간 파트너십의 구체화에 의해 야기되는 깊은 실망감이 극도의 희망에 비추어 볼 때 오늘날 지배적인 경향이 있다. 조정을 위한 노력은 대부분 국가들이 단기 혹은 중기로 주장할 수 있듯이 보이는 거시 경제 외형과 큰 균형으로 강화할 수 있다. 그들은 상대적으로 거시 재정 계획 관련 덜 취약한 경향이 있다. 따라서 선험적으로 위기 위험에 덜 종속될 수 있는 것이다. 그러나 그것은 조금도 보장이 안 된다. 인구 증가를 야기하는 고용 창출을 고려한 필요성에서 분명하게 불충분한 내부성장의 구습을 타파할 수 있을 것이다. 지중해 지역은 금융거래를 촉진하는 자유주의를 종종 내세운 기적적인 해결책과 특히 해외직접투자(IDE) 형태 하에 유럽 저축과 마주한 지역 구매력 강화가 존재한다.

그러나 특히 오리엔탈 유럽 혹은 아시아 신생국과 관련하여 유럽의 해외직접투자를 위한 지중해 지역의 매력에 기대는 정치적 난관과는 별도로 신생국과 개발국의 성장과 자본 자유화를 기계적으로 결부시키는 것은 헛된 일이다. 한국은 1980년에서 2000년 사이에 평균적으로 연간 5.4%로 1인당 GDP 성장률을 기록하였으며 어떠한 자본의 순수 유입도 받지 않았다. 반면 마다가스카르는 연간 -1.3%로 1인당 GDP 마이너스 성장률을 기록했다. 1970년에서 2004년 사이에 외국자본의 순수 총액은 높은 성장률의 신생국, 개발국을 향했고 중간 혹은 약한 성장에 있는 신생국, 개발국이 수혜를 받은 것은 명백해졌다. 바로 상대적으로 동일 범주 국가 전체에 가장 높은 성장이 있고 외국투자에 덜 도움을 받은 신생, 개발국이다. 특히 그것은 적자 동향의 국가로서 가장 약하거나 혹은 흑자 동향에 평균적으로 기록되는 국가들이다. 따라서 개발국과 신생국 가운데 가장 경제가 강한 국가들은 장기 자본 유입과 외부 투자를 덜 생성한다. 해외직접투자는 생산 이익 혹은 노동력으로 파워 분야 효과를 실행하는 촉매를 구성한다. 그러나 개발국과 신생국의 성장 경향에 대해 해외직접투자의 글로벌 효과는 없다.

많은 경우 성장 리듬의 변화는 전체 정부 관할지와 제도권을 넘어 기본적으로 국내 투자 활성화와 내부 저축 동산화, 재정 시스템 효율과 연관이 있다. 그것은 2005년 이후로 유럽연합에 의해서 자리매김한 특히 지중해 국가들을 위한 신 유럽 이웃정책의 목표들 중에서 재정 서비스 현대화와 강화를 증명한다. 그러나 효과가 확인된 강화된 협회를 위하여 이 정책은 유럽 재정 서비스를 나타내는 기준의 단순하고 순수한 이동의 결손을 나타내고 있지 않다. 자산 시장보다 오히려 은행 중재에 우세한 위치를 부여하는 재정 시스템을 구성하고 있다.

재정 서비스분야에 있어서 유럽 이웃정책의 목표들은 유럽 내부 시장의 규칙들을 전환하는 지표를 세운다.

지중해를 뛰어 넘어 모든 제3국가와 더불어 경제 관계를 부활시키기 위하여 유럽 위원회는 유럽 이웃정책이라는 명목으로 새로운 전략을 시도했다. 주요 목적은 유럽연합회원국들에 의해 전체 방침 혹은 유일 시장을 관리하는 규제를 공유하게 만드는 데 있다. 유로-지중해 간 파트너십의 틀 속에서처럼 자유무역을 위한 공동 공간 창출이다. 그러나 표명된 제도권의 틀도 아니고 표시된 지역적 힘도 없이 시장 놀이를 구성하고 틀에 끼우는 것은 제도권 통합과 접근 안에서 더 멀리 가기위한 일이다. 이 정책은 전체 회원 위상을 일치시키지 않고 정치, 경제, 문화 공간에서 새로운 만큼 오래된 유럽연합의 이웃을 가깝게 하기위하는 것이 가장 중요한 목적이다. 정책은 협력에 기초한 좁은 관계를 유지할 수 있는 유럽연합과 더불어 남쪽과 동쪽에 잘 관리 받는 국가 서클을 장려하고 유럽연합의 즉각적인 이웃 안에서 좋은 지배와 안정성에 공헌한다. 경제와 상업 측면과 관련하여 출발 가설은 서비스와 상품의 자유 교역을 초월해야만 하는 경제 통합과 내부 질문을 포함시키는 것이다. 그러기 위해서 가격 이외의 장벽에 관한 의문들을 검토해야 한다. 규정과 무역 분야의 총 집중에 점진적으로 도달해야 한다. 도달해야 되는 점은 다음과 같다. 기술 기준, 보건 위생과 식품위생의 규칙, 경쟁 정책, 기업 경쟁, 산업 정책과 혁신, 연구 분야 협력, 지적 소유권, 무역을 용이하게 하는 관세 조치, 원산지 표시와 같은 행정 가능성, 세부 관련 유리한 관할지, 사회법, 재정 서비스와 공공 시장이다. 덧붙이자면 가입에 대한 전망 없이 모든 공동체 획득물을 재취득하고 따라서 유럽연합의 유일 시장을 창설한 규범 혹은 법규의 틀을 개선하는 길에서 잣대를 두려는 것이다.

　재정 서비스분야에서 유럽 방침의 전환은 이집트, 이스라엘, 요르단, 리비아, 모로코, 팔레스타인 자치정부, 튀니지를 위하여 지금부터 목표가 된 유럽 이웃정책의 행동강령과 관련된 재정을 확충하며 첫 출발을 시작했다. 2010년엔 재정 투명성을 확보하기 위하여 혹은 신중한 조치들을 전환할 것이다. 그러나 최종 목적은 집행위원회가 희망하는 듯이 보이는 유럽재정 시스템 전체 구성 안에서 이웃국가들을 가까워지게 하는 것이다. 게다가 어떤 것도 증명하지 않는다. 그곳에 최선의 정황이 있고 재정 유형은 지중해 국가들의 특징에 정확하게 부응하고 있다. 개발 수준에 따라 기업 재정 요구와 정부 구성을 고려하고 있는 것이다.

유럽 이웃정책은 이웃국가들에 따라 다양한 리듬으로 바꾸어 놓는다. 유일한 유럽 시장에 강요되는 규칙들, 우선 재정 서비스의 유럽 정책 윤곽을 자문해야 할 것이다.

16.1. 유럽연합의 재정 서비스 정책

2000년 3월 유럽에서 여러 국경을 초월한 재정적인 소통의 장애물이 대체되는 반면 시장의 실제 분할, 특별 법규 혹은 여러 법체제 유지를 이해했다. 유럽 평의회는 유럽 재정 공간에 깊이 파고드는 일정표 정의를 제안했다. 따라서 2005년의 재정 서비스에 관한 첫 활동 계획을 제기한다. 자본-투자 관련 행동 강령은 유럽 단계에 새로운 재정 시스템을 설립하는 것 보다 오히려 유럽 재정 서비스의 통합과 자유화를 상호 간에 겨냥한 것이다. 게다가 경제, 화폐를 책임 맡은 위원회에 의한 것이 아니라 경쟁을 맡은 위원회에 인도될 것이다. 2005년 11월 집행위원회는 2005년에서 2010년 재정 서비스 정책에 관한 백서와 더불어 진정한 유럽 재정을 이끌기 이전 과정을 제기했다. 백서는 다음을 고려한다. 장기 저축 상품의 범 유럽 시장 효과는 여전히 확대되는 리스크가 존재한다. 또한 더 수익성이 있는 위험 자본 시장은 경계 혹은 법규의 공동체 구조와 평행을 달리는 경제성장을 보강하고 혁신과 새로운 기업을 장려하기 위하여 필수적이라고 판단된다.

따라서 야망은 재정 시장의 통합 과정을 추구하고 그것은 여전히 미완성이며 유럽 재정 시스템의 현대화에 박차를 가한다. 만일 통합으로 동질화를 가져온다면 재정 시장을 둘러싸고 있는 회계 규범, 혹은 법의 규칙, 접근 조건이 전제될 것이다. 재정 개발 개념과 가까운 현대화 개념은 유럽 재정 시스템 구조에 관한 질문과 재정 혁신 과정을 청원한다. 목표는 리스크의 다양성에 혹은 정보 불균형에 잘 부응하는 데 있다. 자본이 가능한 최대 규모로 정부 보조금을 현실화시키기 위한 것이다. 기업 규모가 어떻든지 간에 관련 활동 분야가 어떤지 간에 현실화시키고자 한다. BCE만큼 위원회는 우선적으로 미국에서 관찰될 수 있는 것에 비추어 유럽 재정 시스템에 불충분한 개발의 정도를 관찰할 수 있다. 그리고 활동 시장의 확장을 고려하고 위험자본은 강력하게 R&D를 촉진하여 유럽에서의 성장 혁신을 장려한다. 유럽 재정 시스템의 지배적인 bank based(은행 안정)는 market based(시장 안정) 시스템에 더 가까운 구조로 완화되어져야 한다. 그러나 그러한 시각은 은행 중재 이익을 과소평가 하면서 본래 이웃정책의 틀 속에서 지중해 국가들에 적용될 것이다.

16.2. 지중해 경제를 위한 은행 중재의 이로운 점

무엇보다도 국가 경제 시스템의 전체 윤곽과 기업 재정 양식의 주변 사이에 가장 자주 만들어지는 긴밀한 결합을 강조할 수 있다. Bruno Amable은 자본주의 모델의 다양성을 완벽하게 보여준다. 앵글로색슨 모델, 사회-민주주의 모델, 유럽 대륙 모델, 지중해 모델이 그것이다. 기업 관할지 유형과 기업 재정 방식 구조와 함께 제도권의 보충을 추구한다. 재정 구조 능률 기준에 관해서 J.P. Pollin은 대출과 고유 재산 간의 분배인 재정 구조와 소유권 행사, 기업의 전략적 결정과 선택, 다소간 봉급자들에게 유리한 업무집행이 정해지는 일치를 명백히 드러낸다. 그러니까 지중해 국가들을 위해서 협조할 수 있는 것이다. 재정 구성 가설은 유럽에서 손쉽지 않게 윤곽이 뚜렷이 드러나는 것을 복사한다. 무엇보다도 기업의 목적지에 market based와 bank based 재정의 상대적인 위치에 관하여 가설을 결정짓는 것이다.

가설을 참조하여 활동 시장과 중재로 인한 공동 존재로 설명되는 재정 시스템은 주요 기능이다. 기업 계획 비용을 최소화하면서 자원의 효율적인 정부 보조금을 실현시키고 저축과 투자 결정의 일시적인 비교 가능성을 보장하며 경제 정세의 요행에도 불구하고 유동성 보장을 이끌기, 경제 대리인의 능력과 특혜, 기능중인 리스크의 재분배가 가능하다.

그러나 경제 현실에서 미비한 점은 분배와 위험 배당, 정보 혹은 유동성의 공헌이 재정적 중개로 상환을 증명한다는 것이다. 무엇보다도 단계적으로 경제를 유리하게 활용할 수 있다. 원산지의 매우 높은 재정 규모 혹은 많은 수의 고객 목적지를 다루면서 은행들은 수집의 단가 혹은 대여에 도달한다. 오퍼레이션 비용, 협상 비용 혹은 정보 찾기이다. 시장에 대해 얽매인 상호 계약 내에서 최종 차용자 혹은 최초 빌려준 사람인 개인에 부가하는 것보다 더 낮다. 그들의 경제규모 덕분에 재정 중재는 더 용이하게 유가증권을 다양하게 활용할 수 있다. 수동적인 만큼 적극적인 재정 활동에 고유한 리스크를 잘 할당할 수 있다. 상환물의 리스크, 시세와 활동 가격의 리스크 등이 그것이다. 다음으로 재정 계약의 중심에서 재정을 필요로 하는 에이전트와 정보 불균형의 관리를 나타낼 수 있다. 일반적으로 볼 때 고유한 상황에 대해 정보를 가지고 있고 고유한 의도에 대해 돌발적인 채권자를 소유하고 있다. 두 가지 결과를 가질 수 있다. 상대방의 선택은 단계 위험 보험료를 고정시키면서 가장 위험한 발행인을 선택할 수 있다는 점이다. 유일한 채무자들은 가장 모험적인 계획을 추구하면서 혹은 재정 상황이 박탈되고 받아드릴 준비가 되어 있다. 도덕적인 기회는 어떤 차용자들을 이끌수 있다. 계약상의 참여를 존중하지 않고 재정이 인정되거나 혹은 현실적인 활동의 습득 이후 경계하고 조절을 요청한다.

또한 너무 자주 사실을 간과하고 있다. 은행은 지중해 지역에서 활동 시장과 관련하여 비교우위를 규정한다. 고객의 재정상황 하에 지불수단을 관리한다. 기간을 명시하여 상호 이익이 되는 신용 관계를 창출한다. 은행은 유동성의 공헌 내에서 서로 경쟁하는 우위를 지닌다. 동시에 예금 보험을 근거로 최초 채권자에게 제공한다. 규정에 따라 승인하고 각 경제에서 차등을 둔 은행 시스템에 따라 은행 파산 혹은 공포에 직면할 때 중앙은행의 감독이 필요하다면 실행될 수 있다. 최후 채권자의 기능도 필요하다. 결국 재정의 중재는 대출 기금 지표 변화 요구에 부응할 수 있다. 단가의 계획 하에 계약 지불 기간의 만기, 이율 타입, 기타 모든 것은 경제 대리인의 재정 가능성에 대답할 수 있다. 경제에서의 전략적 역할은 완전한 의미가 있다. 비판은 규모에 도달하지 않고 읽기 쉬운 것을 제시하지 않으며 혹은 충분히 신용도가 높은 시장 재정에 의해 이해되기가 쉽기 때문이다.

활동 시장은 명확하게 가능성을 제공할 수 있다. 발행인 자격을 쉽게 위치시키고 서명을 인식한다. 또는 객관적으로 표준적인 리스크를 나타낼 수 있다. 그러나 객관적으로 차용자의 수를 배제하기도 한다. 특히 2차 주식 시장 혹은 충분한 깊이의 의무와 최소한의 유동성을 보장할 수 있다. 반면 중간자는 특별한 필요에 응답할 수 있다. 경우에 합당하게 만들 것을 보장할 것이다. 기탁비용은 차용자로 활동한다. 시장은 틀림없이 중간자보다 더 높은 재정 산출액을 제공할 것이다. 중간 세금과 하위구조 부재가 아니다. 그들은 은행 파산 혹은 투기 거품에 대처하여 투자가들을 위한 유가증권의 무가치 혹은 비유동성 위험을 염두에 두며 불이행 위험에 대해 모니터링과 평가 안에서 거부할 수 있다.

유럽 재정 서비스를 이루는 기준의 변환과 유럽 이웃정책은 위원회로 하여금 지중해 재정시스템의 변경을 장려하도록 이끈다. 은행에 의해 실현되고 전통적인 개입으로 자본 시장에 특혜를 줄 수 있다. 그러나 생각과는 달리 은행의 개입은 많은 성공의 수단을 지니고 있다. 만일 지중해 이남 국가 기업이 특히 마그레브는 고유한 특징을 지니고 있다. PME, TPE, 자본의 가족적 특성, 폭넓게 펼쳐져 있는 농업 혹은 3차 산업의 무게 등이 그것이다. 게다가 저축 보유자처럼 이 우위들을 보강하는 강한 현금 존재, 위험에 직면한 반발 등을 포함한다. 반면 재정의 주된 부분이 시장 재정 수단이 아니라 은행 중재에 의해서 보장되는 것이 중요하다. 만일 의무 형태 하에 재정의 새로운 형태 개발을 제한하지 않는다면 혹은 가장 혁신적인 기업을 위해 위험을 초래하는 사금융 놀이에 의한다면 은행에 의해 개입되는 재정 대체 혁신 없이 이루어질 수 있을 것이다. 그것은 의미가 없다. 지중해 은행 시스템이 경쟁 강화, 성숙한 변화, 리스크 관리, 대출 이자율 결정, 투명성 분야에서 대상을 만들지 않음에 틀림없다. 마찬가지로 감독의 권위는 더욱 비타협적이고 책임이 있으며 특히 정치권력과 마주하여 가장 독립적인 것에서 혜택을 본다. 그러한 변화는 부가되고 유럽연합과 더불어 보강된 협회는 박차를 가할 수 있다. 어쨌든 경제적 효율을 참조하는 정치적 합법성 계획만큼 유럽 헌법 재정 서비스는 지중해 이웃정책을 따르는 것만을 이끌지는 않는다.

Chapter 17 기업분야에서 유럽과 지중해의 협력

기업의 세계를 동물에 비교하면 체격이 크고 총괄적인 코끼리들, 날쌔고 지역적인 생쥐들, 그리고 적어도 유로-지중해 간 파트너십에서 빠른 시일 내에 코끼리가 되기를 원하는 작고 재빠른 영양들로 구성된 동물우화집이다. 동물 각각은 규모가 같은 종류와 싸운다. 물론 코끼리들이 부주의에 의해서 영양들을 짓밟는 행동, 혹은 발전하기 위하여 빼앗고 놀라게 하는 행동들이 불가능하진 않다. 경제 정책의 논리 안에서 혹은 명확하게 각각의 선택에 달려있는 산업논리를 무시한 이웃전략들은 이러한 생물학적 다양성을 더 잘 관리하기 위하여 공동의 전략만이 남아있다.

17.1. 세 종류의 동물

이 세 유형의 동물은 도처에 존재한다. 물론 우리는 코끼리들이 모든 것을 총괄하고 영양들이 소자본 비즈니스 보호정책으로 국내 풍부한 시장에서 이익을 보는 미국에서도 이러한 생태계의 논리를 관찰할 수 있다. 유럽에서는 코끼리 종류가 국가 기초산업에 덜 분포하고 있으며 영양은 독일의 middlestand 모델처럼 지원하고 원조하며 발전하고 있다. 유럽의 동력은 특히 유로랜드에서는 국내에서 그리고 유럽에서 승리자의 역할을 할 수 있는 국가기업을 중요하게 다룬다. 또한 유명한 영양들인 중간자적 연방주의자들인 중소기업을 강조한다. 직접적으로 혹은 간접적으로 자유주의를 선동하고 혹은 더 지도적이고 간섭주의자인 산업 정책을 참조해야 할 것이다.

17.2. 제기되는 문제들

유럽과 마주하고 있는 지중해 쪽에서 이러한 기업의 다양한 논리들은 설명을 요구하게 된다. 국가 챔피언들이 어떻게 혹은 마그레브가 어떻게 그리고 어떻게 영양들과 함께 발전을 고안할 것인가. 그러한 점이 제기되는 문제점이다.

예를 들어서 알제리의 Z. Adli의 연구는 유로-지중해 간 파트너십의 중요성과 동시에 '제도권의 수평 두기'에 대한 요청을 강조하고 있다. 통계결과는 이 국가의 생산구조에 있어 빠르고 깊이 있는 변화를 우선적으로 염두에 둔다.

알제리의 기업 규모별 추가적인 가치

기업 범주	공기업	사기업(10인 이상 사업장)	사기업(10인 이하 사업장)
1985	52.7	3.3	44
1992	37	2	61
1997	27	2	71
2001	22.8	1.8	75.4

알제리 경제 위상 비공식 분석과 평가
출처 : ONS(M.H. Zidouni)

모로코에서는 재경부 장관의 연구 자료가 유로-지중해 간 파트너십을 위한 현대화되고 적용되는 정보 시스템을 개발하는 것을 제안한다. 그리고 장관들 간의 상사 기관과 지역 공공 단체들 간의 연계망을 개선할 것을 제안한다. 정보통신 분야와 재정의 현대적 방식 확대를 제안한다. 혁신을 위한 지원을 동반한 어떤 집단을 제안한다. 지역 생산품을 위한 판로를 제공하기 위하여 해

외무역회사와의 관계를 전개할 것을 제안한다. 튀니지는 유로-지중해 간 파트너십을 지원하기 위하여 재정과 국가, 예를 들면 '유로-튀니지 기업'과 같은 국제적 프로그램에 도움 청할 것을 제안한다.

더 횡단적인 다른 연구에서는 마그레브 기업에 관해서 알제리의 성장 참여와 지금은 리비아와 함께 점점 더 광대한 전체로 주목을 받고 있다. 또한 이 연구들은 지중해 시장을 가득 채우기 위하여 '마그레브 정체성 지도'를 지녀야 할 필요성이 없음에 주목해야 한다. 단지 마그레브 차원은 절대적인 방법을 취하여 기업 성장에 필수적이라고 설득되어져야 한다. 이러한 마그레브의 야망은 노동력의 낮은 임금뿐만 아니라 빠르게 성장하는 광대한 시장과 다양한 평가의 혜택을 받을 수 있다. 여전히 지역 통합에 혹은 경쟁의 축과 혁신의 무리 그리고 은행 시스템과의 관계를 현대화할 필요성과 더불어 유로-지중해 간 파트너십의 재정 방식을 다루는 다른 연구들에 이 파노라마를 추가하자. 은행 시스템은 유로-지중해 간 파트너십 경우의 처리에 전문적인 자질과 분석, 기술상의 도움이 전혀 없다.

이러한 문맥에서 우리는 구성과 성공의 조건을 가진 또한 그들의 영양들을 더 출현하게 만들고 전사들을 장려하기 위하여 애쓰는 유럽 국가들과의 관계에 대한 문제에 접근할 수 있다. 또한 이러한 문맥에서 더 현저하고도 명확하게 마그레브의 다른 국가들에 그리고 유럽에서 덜 마그레브 성향까지도 국가와 영양들이 승리자가 되는 것에 반대하지 않는 점이 중요하다. 유로-지중해 간 파트너십은 은행과 재정에 더 이상 반대할 수 없다. 게다가 차이가 있고 때로는 반대가 있는데 왜냐하면 경쟁구도이기 때문이다. 그러나 세계화의 현 단계에서 우리가 살고 있는 곳의 재정적 압박 양상에서는 상호보완성과 변치 않는 것에 대한 기반을 두는 것이 중요하다.

17.3. 세 가지 변치 않는 사항들

불변의 상수는 정보, 혁신, 시장이다.

정보. 왜냐하면 지역을 위한 가능한 동질의 방식으로 형성된 기업의 생산 조직에 대한 최고의 지식을 활용해야 한다. 따라서 국가끼리 규정이 다르다는 것에 주목해야 한다. 다음으로 정보는 특히 위험을 무릅쓰는데 망설일 수 있는 은행과 더불어 잘 공유되어야 한다. 일반적인 방식에서 협력 논리들은 유로-지중해 간 파트너십과 은행들 사이에 자리매김 해야 한다. 유로-지중해 간 파트너십은 여러 은행을 소유하고 있지 않고 오히려 하나 혹은 두 개다. 우리는 독일의 Haussbank와 미국의 지식경영(knowledge management)의 이중 논리 안에 놓여있다. 프랑스 은행들은 점점 더 하나 혹은 두 개의 경쟁 은행들과 치밀한 관계의 틀 속에서 기업 재정의 놀이 규정을 준수할 준비가 되어 있다.

혁신은 필연적으로 과학적이든지 기술적이지 않더라도 필수적이다. 결국 혁신은 기업 혹은 서비스 구성에 관여할 수 있다. 혁신이라는 어휘의 하이테크 측면에 주의해야만 한다. 유로-지중해간 파트너십 안에서 재정비, 구조와 연관된 혁신은 가능하다.

시장은 동시에 필수적이다. 왜냐하면 만일 시장이 있지 않고 혹은 존재하려고 하는데 개발이 가능하게 하기 위해서는 기업에 정부 보조금을 주는데 관여하지 않기 때문이다. 이 경우 의미 있는 지역 시장의 존재가 구성되어지고 팽창되어지는 것은 매우 높은 위험 감소와 믿을 수 있는 점이다.

17.4. 세 가지 상호보완점

박자를 가할 때 우선 너무 낮혀지고 국가적이고 산업분야별적인 논리는 피해야 한다. 그것은 불필요한 논쟁에서 잃지 않고 정확하게 더 빠르게 전진하기 위한 협정이고 개방이다. 세 가지 상호보완성이 가능해 보인다.

파트너십 협정의 틀 속에서 이미 만들어진 그룹들과의 상호보완성이 가능하다. 우리는 우선적으로 고려할 수 있다. 유럽 그룹들은 마그레브 출신 그룹들보다 시장 접근이 더 용이할 수 있다. 따라서 이 시장 접근은 노동력에 있어서 상호보완성과 파트너십의 협정 기초가 되는 가격의 중요성을 가지고 있다. 경험은 이 협정들이 쉽게 변형되고 풍부하게 할 수 있기 위하여 시공간에서 규정되어져야만 한다는 점을 보여준다. 이 분야에서 너무 큰 야망과 너무 관대한 목표는 피해야 한다. 완화정책과 단계주의는 종종 대가를 치른다. 이러한 상호보완성은 명확하게 국가들, 기업들, 시장의 상황에 달려있다. 그러나 노동력뿐만 아니라 또한 농업, 수송, 관광, 에너지, 정보통신분야도 고려해야만 한다.

유럽 경쟁 축과 함께 상호보완성이 가능하다. 다양한 나라 안에서 더 높은 시각을 지닌 그룹들과의 상호보완 기능이 필요하다. 여기에서 다시 반복하는데 절대적으로 '모든 기술 논리'를 피해야하고 예를 들면 프랑스 서부와 같은 농업의 축과 지중해 이북의 서비스의 축을 잊어버려야 한다.

은행·재정 기구와 더불어 상호보완성은 그들이 도처에서 알고 있는 유로-지중해 간 파트너십 혹은 다른 그룹과의 관계를 위하여 재정과 지불 방법의 개선을 위하여 재정 조사와 세관을 위한 정보 처리 기술을 가져오게 될 것이다. 그것은 기술의 전이이다.

17.5. 두 가지 자각

결국 우리는 이중의 자각에 놓여있다. 첫째, 지중해 양쪽에 속한 많은 나라들이 평화를 회복하고 강력한 방법이 전개될 연계망을 통해 전체가 작업을 수행해야 한다. 둘째, 영양들을 성장시키고 태어나게 할 수 있는 모든 것을 강조하며 우리가 도달해야 할 전략의 중심에 기업을 두어야 한다.

제5부

미래를 위한 제언 : 아브데라흐만 하지 나세르
(전 알제리 중앙은행 책임자)

제5부 | 미래를 위한 제언 :
아브데라흐만 하지 나세르

전 알제리 중앙은행의 책임자로서 나는 지중해 양쪽 사이에서 보강된 협력이 통화 개념으로 겨냥되어져야함을 강조하고자 한다. 결국 역내 무역교역 강화, 지역 경제 관계 강화는 환율 조절 시스템 구축과 다양한 통화 교환, 화폐 동등 가치 안전성에 대해 문제제기를 할 수 있다. 결정적인 기술 문제와 같이 그렇지만 가장 기본적이지는 않다. 왜냐하면 모든 화폐 가치와 화폐 관계의 근거에 내해 이루는 것을 잊어서는 안된다. 바로 신뢰이다. 신뢰는 내가 보기에 우선적으로 간주되어야 하는 항목이며 바꿀 수는 있지만 어떤 관점에서는 엄격하게 화폐가 아닌 의미에서 고려되어야 하는 것이다.

따라서 나는 논고에서 화폐정책을 다루지 않는다. 나는 질의하는 것으로 만족한다. 강요받고 있는 이 연합이 진정으로 형체를 이루기 위해서는 상호 신뢰 상황 하에 지중해 이남과 지중해 이북 국가들 사이에 충분하게 모여지는지를 묻고 싶다. 그리고 만일 그 경우가 아니라면 일반적으로 가치를 가질 수 있고 공유되는 신뢰 환경을 만들 수 있는 수단은 무엇인지 묻고 싶다.

그러니까 다른 의문을 제기해보자. 발전되고 있으면서 왜 마그레브는 오늘날 세계의 다른 신생 지역에 비해 뒤쳐져 있는가? 왜 성장은 같은 높이를 갖지 않는가? 왜 이 존은 우스꽝스럽게도 약한 내부 무역의 형태를 가진 다양한 국가들 사이에서 약한 집중으로 인식되는가? 감히 답을 해본다. 우선 신용에 관한 문제이다. 지역의 각 국가는 모두 관련이 있는 방법에 맞서는 문제이기 때문이다. 그리고 그 문제는 무엇보다도 탈주 현상에 의해 표시되는 문제이다. 우선 널리 회자되듯 두뇌 유출은 유럽, 캐나다, 미국으로 시도되고 있는 실정이다. 다음으로 자본의 유출은 정착하고 투자하기 위하여 지역을 벗어나는 것으로 덜 관측되고 있다. 이러한 확인된 사실의 두 현상은 또한 악영향을 미친다. 바로 마그레브인들은 마그레브 내에서 거의 신용을 갖고 있지 않다는 사실이다. 신용을 갖고 있다 하더라도 어쨌든 충분하지는 않다. 이 지역이 제공하는 임금, 인적, 물적 부족이 참을 수 없어서 피한다는 것으로는 충분치 않다.

화폐를 포함하여 신뢰가 국가 공동체 안에서 자리잡고 잃어버리지 않기 위해서는 어떤 조건들이 세계화 문맥인 현 시점에서 채워져야만 한다. 첫째로 인용하자. 민주주의, 충분히 강력한 국가는 자유, 우수한 두뇌들에게 합당한 교육, 경제활동 안에서의 통합을 보증해야 한다. 비록 이러한 조건이 언제나 채워지지 않는다 하더라도 하나의 전체를 만들어야 한다. 자유, 안전, 우수성, 기회 창출은 경제성장의 조건에 있지는 않다. 성장은 경제적인 계획에서의 표현이다. 그것은 결국 회계계획에서 개인에 의해 발휘된 에너지가 개인 운명과 발전당사자로서의 기회를 자신의 국가에서 찾는 일은 결코 없다. 오늘날 모든 경제발전의 열쇠인 직업교육을 시행한다. 게다가 직업교육은 틀림없이 필수적이고 기한 내에 충분할 수는 없다. 잘 교육받은 두뇌는 그들 재능만큼 채용되고 일자리를 찾게 될 것이다. 만일 경력 향상과 이동의 기회가 닫혀져 있다면 만일 경력이 다른 경력에서 역할을 한다면 만일 제도권이 기초 안에서 개인에게 최고 주제 위상을 전체적으로 확인하지 않는다면 힘든 사회다.

또한 우리는 지중해 맞은편을 확인해야 하는가? 마그레브 기업가는 우리가 경제성장 때문에 가장 관심을 가지는 부분인데 오늘날 단기간에 불안정속에서 일을 하고 있다. 결국 그의 목소리가 도시 생활에서 덜 이해됨에 따라 미래 안에서 거의 투영될 수 있다. 특권층에 의한 독점적인 권력의 서클은 마그레브 기업가에게 개방되지 않는다. 오히려 비위를 맞추고 도달하며 단기간에 평온을 확보하기 위하여 필요하다. 따라서 마그레브 기업가의 성공은 거의 알려지지 않았고 미래 안에서 불안하게 투영된다. 기업을 위한 안정성이 두렵다. 신뢰를 가지고 있지 않기 때문이다.

그러나 민주주의, 자유, 성공이라는 단어들은 모든 사람들의 이야기거리가 된다. 그것은 무수한 선언을 낳고 담화를 아름답게 치장한다. 이미 다른 장소에서 보듯이 마그레브 안에서 권력은 잘 이해되고 있다. 이 단어들이 서양 권력의 마음에 들고 지역민들의 마음에 든다. 넓게는 서양 영향에 문호를 개방하는 것이다. 위선이다. 그러나, 서양측에서는 어떠한가? 얼마나 이 단어들이 직접적인 관심의 무게를 지니고 있는가. 큰 계약, 에너지 공급 안정성, 자리잡은 정치 시스템을 불안전하게하는 피할 수 없는 동반된 근심 혹은 위선은 여전히 존재한다. 따라서 마그레브 엘리트들에게 있어서 유럽을 내던지기는 없다. 반면 단지 지중해 이웃에 관한 유럽의 담화와 관련하여 불신은 있다. 우크라이나가 투표를 했을 때 그것은 수만의 국제 감시단 아래에서 이루어졌고 또한 서구의 거대 미디어 하에서 이루어졌다. 지중해 맞은편인 알제리, 튀니지, 모로코, 이집트에서의 최근 선거는 국제사회의 관심을 덜 불러일으켰다. 그리고 감시단은 필수적으로 아랍 연맹 국가들 혹은 민주주의 미덕의 귀감으로 거의 간주될 수 없는 아프리카 국가들을 위해 기구에서 파견될 것이다.

사람들은 인정한다. 우리 제안이 지중해연합이라는 혁명을 격찬하지는 않는다. 단지 확인하려는 것이다. 신뢰없는 성장은 없고 신뢰는 거짓 안에서 만들어지지는 않는다. 마그레브의 사례를 덧붙이며 즉각적으로 보여지는 바 지중해 양쪽 사이의 문화적으로 잔 구멍이 많은 이유를 듣고 싶다. 마그레브에서 프랑스어가 사용된다. 사람들은 프랑스 텔레비전 방송을 보고 프랑스에 대해서 잘 알고 있다. 영세민조차도 프랑스에 정착해있는 친구, 사촌, 형제들이 있다. 따라서 마그레브와 프랑스 우리는 매우 다르면서도 매우 가깝다. 그리고 우리를 가깝게하는 것 조차도 우리 차이를 증대시킨다. 왜냐하면 두 관점은 동일한 언어 안에서 표현되고 종종 같은 사항을 참조한다. 그러니까 어떻게 보강된 협회, 접근을 생각하는가? 이곳에서 페르낭 브로델이 말한 역사의 긴 여정과 같이 지난 문화를 고려해야만 한다.

유럽헌법 계획은 진퇴양난에 도달했다. 실패인가? 아마도 그렇진 않다. 오히려 유럽국가들을 위해서 초대는 자각되고 있다. 매우 오래된 유럽의 정치, 국가 통합 모델은 동질의 사람들 권역에 의해서 공통의 문화 유산, 역사에 의해 심지어 한계를 가지고 있는 종교에 의해서 구성되고 있다. 세계화 문맥에서 지역 근접은 이제부터 간략하게 할 수 없는 다양성으로 구성되어져야 한다. 어떤 법적, 정치적 원칙의 승인은 위르겐 하버마스가 말했듯이 '구성된 애국심'은 즉각적으로 도달되지 않는다. 동일한 역사를 공유하는 국가를 쉽게 집결시키는 것 위에서 공동의 주춧돌을 정의하지 않는다. 이러한 관점에서 충분히 실랄하게 인정한다. 논쟁은 연합의 동양쪽(마그레브)과의 차이에서 오는 것이 아니라 유럽 정체성의 최고 창설자인 네덜란드와 프랑스 같은 나라들에서 온다.

또한 서양은 이 통합 모델을 쉽게 중단하지 않을 것이다. 이라크에서의 미국 개입 이후로 공동체의 단절은 중동에서 악화되었다. 단절은 관계 그룹에 의해 국가들을 풀어주고 국민들에게 기대를 걸며 현 시점에서 서양에 있어서 강한 의지표명인 새로운 재단, 자르기를 이끌어갈 것이다. 국민들을 분열시키면서 팔레스타인과 이라크 기독교인들을 밖으로 나가게 하기 위하여 휴머니즘 공간을 구성할 것이다.

그리고 유럽에서 마그레브 이민 문제 혹은 통합문제에 의한 문제는 제기되고 있는가? 그러나 진심은 진보한 듯 보인다. 다원론은 오늘날의 당면문제이다. 그것은 담화를 이끈다. 현실속에서 주장하는 것은 공동체일지라도 게토의 논리는 당연하게 염려되는 부분이다.

이 단계에서 분할되지 않는 다문화 사회의 존재에 대한 의문은 유럽 전체에 남아있다. 어떻게 차이를 인지하고 법의 동등한 권리를 정확하게 결합할 것인가?

그것은 정확하다. 지중해연합이 보강된 협회라는 전망에서 의문이 제기된다. 어떻게 지중해 양측 사이에서 존재하는 매우 현실적인 이타성을 극복할 것인가 그리고 본 저서는 단지 인지한다. 마그레브와 유럽 사이는 실제적으로 단절이 있다. 유일한 확신은 만일 운명의 공동체가 유럽의 계획 하에 움직인다면 그것은 동질화의 의미로 통합시키지도 변화시키지도 못할 것이다. 이러한 시각에서 유럽에서의 터키와 마그레브 이민자들은 매우 또렷한 계기를 표명하고 있다. 그들의 항구적인 정착은 차이를 점진적으로 없애는 것과 일치하지 않는다. 결국 그 반대이다.

그러니까 빈번한 대결은 헛된 방식이고 너무 쉽게 양보하지 않으면서 지배논리를 주입하지 않는 어떤 모델을 창조해야 하는가? 역사를 길게 바라보며 감히 제안한다. 마그레브 국가들은 아마도 유럽 국가들에 대한 어떤 제의를 갖고 있다. 어쨌든 그들은 다양성이라는 이중적 관습을 가지고 있다. 그것은 로마의 유산이며 우리에게서 잘 유지되고 있는 것이고 특히 비이슬람에서는 오래 전부터 알려진 딤미(dbimmi)[2]의 위상을 통해서이다. 많은 침략을 겪고 오랫동안 세 가지의 큰 일신교가 공존하는 것을 본 우리는 국가가 정체성의 가치에 지지하거나 같은 교리를 암송하거나 국민의 동질성에 의존할 수 없음을 알고 있다. 우리로서는 제한적으로 국가가 혼합의 땅을 품을 수 있다는 모순을 지니고 있지 않다. 틀림없이 논리에 비추어 중요한 고려사항이다. 국가의 주권에 관한 문제를 초월하여 이제부터 세계 시류에 알맞은 지역적 접근성을 이끌어야 한다. 그것은 국경을 재끌어들이는 것을 의미하지 않는다. 물론 국가를 단념하지도 않는다. 그것은 특히 개인

---

2) 비기독교인을 지칭하는 용어임.

진로에 대한 첫 계획에 효과를 둔다.

결국 이민에 관한 진정한 문제는 이점에 있다. 국적 문제를 초월하여 개인이 가지는 선택 논리 안에서 지역 이동의 위상, 세계 시민의 이동을 정의할 수 없을 것인가? 그것은 아마도 다른 용어 하에서 바꿀 수 있는 용어임에 틀림없다. 막대한 이민 관리를 초월하여 현상의 호흡을 보장하기 위하여 개인의 획득물과 위상을 바꿀 수 있게 전개할 수는 없는가? 이곳에서 직업교육을 받고 저곳에서 채용되며 이곳에서 지금 일을 하고 저곳에서 다른 때 일을 하며 이곳에서 채용되고 저곳에서 은퇴하게 되며 이곳에서 살고 저곳에서 저축하게 된다. 요약해서 볼 때 첫 가치 변경을 보장하고 발전시켜 나감이 좋다. 즉 인간의 가치가 그것이다.

오늘날 이민정책은 입국자의 유입을 규제하는데 있다. 그러한 조치 안에서 어떻게 이 유입을 멈추거나 늦출 수 있을까를 자문한다. 왜 역전시키려고 하는가? 그것은 가변의 문제이다. 순전히 화폐관련 문제이고 우선적으로 저축, 은퇴, 개인 연금 분담금, 투자, 은행의 어음지급장소지정을 우선시한다. 그러나 학위의 공동 인식, 노동 방법, 직업 경력, 국경을 초월한 고용 장학금 설립을 통하여 명칭의 가변에 관한 문제이다. 왜 안되겠는가? 끝으로 모든 경제적인 접근은 노동에서 만들어진다는 명제에 도달한다는 점이다.

이민은 오랫동안 유럽에서는 낮은 수준의 노동력을 수입하는 것이었고 오늘날도 폭넓게는 그러한 상황이다. 그러나 이제부터 가설로 내세우는 사람들은 점점 더 학위가 있는 사람들이다. 이러한 변화는 주목할 만하다. 자본처럼 두뇌 유출도 진정으로 그것이 의미하는 바를 이해해야만 한다. 출신국은 그들 고유의 재산을 받아들일 줄 모르고 그들은 순응하지 않는다. 사람들은 드물게 이 용어들에서 저개발을 생각한다. 그러나 문제는 바로 그 점에 있다. 따라서 전반적으로 인지하자. 남쪽에서 보다 북쪽이 더 쉽게 자격 혹은 고유 자격을 갖춘 고용이 현재 있다. 혹은 특히 북쪽 국가들을 위한 획득물과 관련이 있다. 의문은 어떻게 남쪽의 그것에 이익을 줄 수 있는지를 알 수 있겠는가. 또한 획득하는 북쪽은 남쪽에서 성장함에 따라 귀환의 이득이 있을 것이다. 따라서 후쿠야마가 강조하듯이 그 과정은 돌이킬 수 없는 것이다. 남쪽의 부에 참여하지 않는 것은 민주주의에 대항하여 싸우는 것이고 그것은 이라크 선생과 대능하다. 따라서 남쪽은 오늘날 북쪽의 엘리트와 중산층으로 배치된다. 부는 재통합된다면 돌아온다. 그것은 쉽지 않다. 우리가 종국에는 '두 국가'로 명명하는 결정적인 필요성을 덜 남겨두지 않는다. 선별 이민의 개념은 아래에서 제시된 바 성찰을 열어두고 있다. 그리고 이 시각에서 인적 이동을 장려하는 모든 것은 특히 자격과 소득의 양립성을 통해서 외부에서처럼 이 신뢰가 오늘날 부족하지만 실제 귀환 없이 탈주를 종종 강요할 것이다. 따라서 제도권과 경제 계획 하에 또한 삶의 방식에 남쪽 국가들에게 냉엄한 수준 두기에 박차를 가하지는 않는다. 단지 인간을 만들고 인간이 이동하게 두는 것과 관련이 있다. 그들이 신뢰를 가질 분야는 그들의 획득물에 대한 가변을 보장하는 것이다. 그것은 정확하게 오늘날 북쪽은 남쪽을 도울 수 있다. 가변성이 많은 매개물을 남쪽에 제안함으로써 도울 수 있다. 따라서 현 저서는 구체적으로 이민자의 이동에 관한 것을 겨냥한다.

그렇지 않다면 어떻게 안전과 이민에 관한 문제를 처리할 것인가? 개인적인 이동을 장려하는 것을 제외하고 유럽연합은 거의 현실적이지 않은 경찰연합과 같은 생각일 수는 없다. 인간의 품질에 대한 자본화를 제외하고 유럽은 남측에 방역선을 구성하기 위하여 수십억을 쏟아 버릴 수 있다. 그러나 넓은 부분에서 완전함으로 돌아올 것이라는 건 거의 확실하다. 따라서 최후의 수단으로서 벽을 높여야만 한다.

물론 유럽인들이 덜 개발된 이웃나라를 마음대로 이용한다고 이야기할 때 그들은 재정 수단의 부재로 개발이 더딘 것으로 간단하게 설명하고 기초를 받아들이는 데 모든 준비가 된 상대방을 찾고 있는 것이다. 또한 지중해 이남에서 은행을 덜 이용하는 인구인 마그레브 3개국은 30%를 차지하는데 그들은 공무원 봉급 불입금을 회계장부에 표시한다. 유럽에서의 방침에 따라 은행 시스템을 회복하지 않는 경우이다. 그러나 마그레브 은행은 현금 유동성이 있다. 그들의 자원은 그들의 일자리보다 우위에 있다. 그러니까 마그레브는 자금이 부족하든지 혹은 오히려 돈이 사용되기에 나쁘지 않다. 우리는 단순하면서 일반적인 해답을 가져온다. 아쉬운 부분은 돈이 아니라 진정으로 생산성을 가져다줄 수 있는 신뢰이다. 그리고 나는 마그레브인으로서 유럽인들에게 다음을 말하고자 한다. 우리가 우리나라에서 우리에 대한 신뢰를 가지고 있지 않다는 문제는 틀림없이 큰 부분이다. 왜냐하면 우리가 잘 인지하듯이 우리는 유럽이 유럽에 있는 우리를 신뢰하지 않는다고 느낀다는 점이다. 그러한 상황에 대해서 성장을 위한 공동의 길에서 이익을 얻는 것은 어렵다. 우리가 공유하고 나누는 것은 그렇게 많지 않다는 것이다. 생각, 삶의 운명, 경험들, 감정이 그것이다. 그러나 이러한 가치들은 두 지역 사이를 손쉽게 넘나들 수 있다. 그렇지 않다면 일방통행이 될 것이다.

결언

지중해 지역은 확장해야 하는 시점에 직면해 있다. 그렇지만 그 딜레마는 드라마틱하게도 아주 간단한 것이다. 의미 있는 방법으로 지중해 지역은 경제통합을 강조한다. 유럽과 이웃국가들은 재빨리 세계 경제 속에 편입함으로써 더욱 튼튼하게 될 것이다. 어떠한 것도 오늘날보다 더 이상 잘 만들지는 못한다. 이 경우에서 우리 신념은 지중해가 정치적인 표류와 2차적인 경제 위기가 가중되면서 조금씩 부서질 것이라는 점이다.

우리가 중요하면서도 위험하다고 예측하는 이 도전에 정면으로 맞서기 위해서 이 책은 새로운 개념을 만들어내려고 애쓴다. 그것은 프랑스 공화국 대통령의 연설에서 가리키는 것처럼 진정한 '지중해연합'이다. 이 경제연합은 더 빨리 자리잡아야만 한다.

확고히 되기 위해서는 여덟 가지 우선적인 개혁을 채택해야 한다.

1. 지중해 주변국의 중앙은행 책임자들과 재경부 장관들의 연례회의를 구성해야 한다.

2. 지중해연합에 의해 관련 파트너국 전체가 1년에 한번은 집결되어야 하는 지중해 농업 포럼이 창설되어야 한다.

3. 유럽-지중해 간 파트너십에서 승인된 중복 자본은 지역 특성에 맞는 계획에 최소 절반을 그리고 민간부문에 전체를 새롭게 충당되어야 할 의무가 있다.

4. '지중해 투자 협정'의 틀 속에서 이 분야에서 초래될 수 있는 개선점을 부각시킬 수 있고 사적 자금과 공적 자금의 교차 흐름을 재언급할 수 있는 지중해 직접 투자 감독원을 창설해야 한다.

5. 지중해 개발 은행과 재한정된 산업적 논리를 우선시하며 이 지역 내에서 위험자본에 할당된 총액의 3배를 만들어야 한다.

6. 우선권을 가진 하위구조의 유럽 프로그램의 틀 속에서 에너지 수송에 대한 하위구조가 등록되어야 한다.

7. 유로-지중해 산업 원단에서 유래되는 경쟁 조건을 만들고 규정하는 유로-지중해 섬유기구를 창설해야 한다.

8. IT에 할애된 유로-지중해 긴급 플랜을 제기해야 한다.

우리 신념은 이러한 개혁이 메뉴에서 임의로 한 개씩 선택되어져서는 안된다는 점이다. 개혁들은 동시에 채택되어야 효과가 높고 상호 연결고리가 만들어질 수 있다. 한 가지 더 언급하자면 만일 지중해가 유럽의 성장 동력이 되기를 원한다면 충격요법은 필수적인 것으로 보여진다. 그것은 채택된 바르셀로나 프로세스를 재가동하여 정치적 의지를 표명하는 것이다.

부록

〈지중해연합 파리 정상회담 공동 선언문〉[3]

2008년 7월 13일, 프랑스 파리

* 공동 의장: 프랑스 사르코지 대통령과 이집트 무바라크 대통령

* 참석자: 유럽연합
  - 이사회 의장 : 니콜라 사르코지
  - 집행위원장 : 조제 마누엘 바호주
  - 사무총장 : 하비에르 솔라나

* 참가국: 총 43개국과 12개 국제기구
  - 알바니아 : 살리 베리샤 총리
  - 알제리 : 압둘아지즈 부티플리까 대통령
  - 독일 : 앙겔라 메르켈 총리
  - 오스트리아 : 알프레트 구젠바워 총리
  - 벨기에 : 카럴 더휘흐트 외무부 장관
  - 보스니아-헤르체고비나 : 하리스 실라이지치 대통령

---

3) 출처 : http://www.diplomatie.gouv.fr 프랑스 외교부 국제 관계 관련 공식 자료

- 불가리아 : 게오르기 파르바노프 대통령

- 키프로스 : 디미트리스 크리스토피아스 대통령

- 크로아티아 : 스티페 메시치 대통령

- 덴마크 : 아네르스 포크 라스무센 총리

- 이집트 : 무함마드 후스니 무바라크 대통령

- 스페인 : 호세 루이스 로드리게스 사파테로 총리

- 에스토니아 : 안드루스 안시프 총리

- 핀란드 : 타르야 할로넨 대통령

- 프랑스 : 니콜라 사르코지 대통령

- 그리스 : 코스타스 카라만리스 총리

- 헝가리 : 페렌츠 주르차니 총리

- 아일랜드 : 브라이언 카우언 총리

- 이스라엘 : 에후드 올메르트 총리

- 이탈리아 : 실비오 베를루스코니 총리

- 요르단 : 나데르 다하비 총리

- 레토니아 : 발디스 자틀러스 대통령

- 레바논 : 미셸 술레이만 대통령

- 리투아니아 : 게디미아스 키르킬라스 총리

- 룩셈부르크 : 장클로드 융커 총리

- 몰타 : 로런스 곤지 총리

- 모로코 : 물라이 라시드 왕자

- 모리타니아 : 시디 무함마드 울드 샤이크 압둘라 대통령

- 모나코 : 알버트 2세 국왕

- 몬테네그로 : 밀로 주카노비치 총리

- 네덜란드 : 얀 페터르 발케넨더 총리

- 폴란드 : 레흐 카친스키 대통령

- 포르투갈 : 조제 소크라테스 총리

- 체코 : 알렉산드르 본드라 부총리

- 루마니아 : 트라이안 바세스쿠 대통령

- 영국 : 고든 브라운 총리

- 슬로바키아 : 로베르트 피초 총리

- 슬로베니아 : 야네즈 얀샤 총리

- 스웨덴 : 프레드리크 레인펠트 총리

- 시리아 : 바샤르 알아사드 대통령

- 튀니지 : 지이놀아비니 빈 알리 대통령

- 터키 : 레제프 타이이프 에르도안 총리

- 팔레스타인 자치정부 : 마흐무드 압바스 수반

- 유엔 : 반기문 사무총장

- 유럽의회/APEM(유로-지중해 국회) : 한스게르트 푀테링 의장

- 걸프만 아랍국 협력 위원회 : 샤이크 하마드 빈 칼리파 알 타니 의장

- 아랍연맹 : 암르 무사 사무총장

- 아프리카연맹 : 장핑 의장

- 마그레브 아랍연맹 : 하비브 벤 야히아 사무총장

- 이슬람 회의기구 : 에크멜레딘 이호사노글루 사무총장

- 아프리카 개발은행 : 도널드 카베루카 총재

- 유럽 투자은행 : 필리프 마이슈타트 총재

- 세계은행 : 후안 호세 다부브 사무총장

- 유엔 산하 문화 연맹 : 조르즈 삼파이우 최고 대표

- 안나린디 유로-지중해 상호문화 재단 : 앙드레 아줄레이 회장

* 지중해연합 파리 정상회담 공동 선언문(파리, 2008년 7월 13일)

2008년 7월 13일 프랑스 파리에 모인 유로-지중해 국가 대표와 정부 수반은 지중해를 평화, 민주주의, 협력, 번영을 위한 공간으로 변모시키려는 정치적 결의를 하는 바 하기에 명시된 공동 선언문을 채택한다 :

- 바르셀로나 프로세스: 지중해를 위한 연합(지중해연합의 공식 명칭)은 이전의 바르셀로나 프로세스 선언을 기반으로 하고 있다. 바르셀로나 프로세스에서 언급한 평화, 안정, 안보를 목표로 삼고 있다. 지중해연합은 바르셀로나 프로세스의 성과물인 다수 국가

간 파트너십을 통해 지역 통합과 단결을 확대시키려는 방안에 기초하고 있다. 또한 국가와 정부 수반은 모든 회원국의 정치문제를 지중해에서 중심 의제로 다루는 것에 재 결의한다. 프로세스에 대한 책임은 참여국들 간에 공유해야 한다는 점과 시민의 시각에서 더 구체적이며 더 적합한 합의를 도출해야 한다는 것을 강조하는 바다. 국가와 정부 수반은 이러한 발의가 유로-지중해 지역에서 제기되는 문제를 공동 대처한다는 데에 중요 역할을 수행하리라는 공동 신념을 가지고 있다. 제기되는 문제란 경제 개발, 사회 발전, 안전한 식량 수급에 대한 세계적인 위기, 환경 파괴, 기후 변화, 사막화 현상, 지속적인 이중 개발, 에너지, 이민, 테러리즘, 극우주의와 상호문화 존중 하의 대화 확대가 그것이다.

- 본 발의는 유럽연합의 전 회원국과 유럽집행위원회, 바르셀로나 프로세스의 회원국과 옵서버국을 포함한다. 아랍연맹은 바르셀로나 프로세스에 참여를 했으므로 바르셀로나 프로세스: 지중해를 위한 연합 회합에 초청될 것이다. 바르셀로나 프로세스: 지중해를 위한 연합은 바르셀로나 프로세스의 결과를 수락한 보스니아-헤르체고비나, 크로아티아, 모나코, 몬테네그로를 환영한다.

- 지중해를 위한 전략은 다음과 같다.
1. 유럽과 지중해 국가들은 역사, 지리, 문화적으로 관련이 있으

며 평화, 민주주의, 번영, 인류·사회·문화의식에 관한 미래를 함께 건설하기 위한 공동 야망을 지녀야 한다.

  공동 목표에 도달하기 위하여 참가자들은 진보를 위해 재결성된 파트너십의 틀 안에서 선의를 실현하고 공동 문제를 분석하며 협력과 평화를 도모하기 위한 그들의 노력을 역동적으로 재개시켜야 한다.

  2. 국가와 정부 수반은 1995년부터 유로-지중해 관계의 중심 기구인 바르셀로나 프로세스에 의해 이루어진 역할이 중요함을 강조한다. 39개국 7억 명을 포함하는 바르셀로나 프로세스는 지속적인 발전과 활동을 우선적으로 제공했다. 바르셀로나 프로세스는 유로-지중해 회원국 간에 관점을 서로 교환하고 건설적인 대화에 참여하는 유일한 모태이다. 또한 평화, 민주주의, 지역 안정, 지역 통합과 협력을 통한 안전을 위하여 해결방안에 참여하고 있다. 바르셀로나 프로세스 : 지중해를 위한 연합은 평등과 상호 존중을 기반으로 현대화, 정치·사회·경제 개혁, 협력을 추진하기 위하여 일치를 이끌어 내야 한다.

  3. 국가와 정부 수반은 바르셀로나 프로세스: 지중해를 위한 연합을 실행하는데 있어 민간 부문, 지역과 지방 자치, 시민사회가 역동적으로 참여해야 하는 점을 강조한다.

  4. 다자간 협력의 틀을 보강하기 위한 가능성을 이끌어내기 위하여 국가와 정부 수반은 바르셀로나 프로세스: 지중해를 위한 연

합을 보강하는 파트너십을 제안한다.

5. 이 발의 안은 1995년 바르셀로나 선언에 비추어 역내에서 안전과 평화를 위해 공동으로 출발한다. 바르셀로나 선언에서는 지역 안전을 강화하기 위해 핵 확산 금지, 국제 기준에 맞춘 생화학 무기 확산 금지, 군축, 군비 제한 동의 등 관련 국제 협약인 TNP, CWC, BWC, CTBT를 통한 협정 체결에 참여한다. 또한 군대 주둔 지역으로서 지역 배치, 확인 시스템, 비핵화, 비무장, 무기 제한 협정에 회원국의 참여를 존중해야 한다.

회원국들은 근동지역에 상호 효과적인 확인 시스템을 기반으로 생화학 무기, 핵무기, 대량파괴무기 의심 구역을 감시할 것이다. 또한 회원국들은 핵무기, 생화학 무기 확산 방지를 위하여 실제적인 조치를 취할 것이다. 협정은 무기의 과도한 축척으로 군 역량을 확대시키는 것을 폐지할 것이고 더 나아가 수비의 법적 필요성, 안전 차원에서 결정을 재확인하며 군비와 군대의 가능한 상호신뢰를 도입할 수 있을 것이다. CCW에 가입함으로써 좋은 이웃 관계를 만들 수 있는 조건들을 만들 수 있고 안정성, 안전, 번영을 목표로 절차를 진행할 수 있으며 지역협력과 하위 지역협력은 신용과 안전에 몰두할 수 있을 것이다. 회원국들 간 공동으로 채택하게 될 협력은 지중해를 평화와 안정의 공간으로 창조하기 위한 것이며 유로-지중해 협정은 이러한 효과를 실무에서 실천할 가능성을 열어 줄 것이다.

6. 발의 안은 회원국들의 문제 해결 의지를 여실히 보여준다. 개발 목표에 부응하여 인적 자원과 고용의 발전, 빈곤 축소에 몰두할 것이다. 국가와 정부 수반은 기본 자유, 인권 제안에 가입하고 정치활동 참여 발전에 의한 정치 다원주의와 민주주의 강화를 강조하고 있다. 또한 하기에 언급될 사안을 중심으로 공동 미래를 건설하기 위한 야망을 제시한다. 바로 민주주의 원칙 존중, 국제기구의 인권에 기반을 둔 기본 자유권 존중, 경제, 사회, 문화, 민권, 정치, 사회속의 여성 역할 강화, 소수자 존중, 인종 차별과 외국인 혐오주의 배척, 상호 이해와 문화적인 대화 보급에 대한 공동 미래 건설이 목표다.

7. 국가와 정부 수반은 아나폴리스(미국) 절차와 2007년 11월 리스본에서 맺어진 유로-지중해 장관 회담에서 언급된 '유로-지중해 이스라엘과 팔레스타인 평화 절차'에 지원하는 것을 재확인할 것이다. 근동 평화와 관련하여 시리아와 이스라엘이 마드리드 평화 회의 참조 사항에 비추어 터키의 후원 하에 간접적인 평화 대변인으로 참여했던 것과 같이 이러한 시각에서 서로 협력하여 글로벌 해결책을 찾고자 한다.

8. 국가와 정부 수반은 모든 형태의 테러리즘과 모든 참여를 재확인할 것이다. 더 효과적으로 테러에 대처할 수 있는 정치 수단, 인권과 법치 국가 존중을 보장하는 틀 안에서 모든 시민 안전을 개선하기 위하여 테러리즘 대처관련 행동강령을 문서화해서 실

현하는 데 착수할 것이다. 미시적으로는 테러리스트의 모든 활동을 멈추게 하고 잠재 목표 대상을 보호하며 테러 결과를 제어하는 데 협력을 갖는 것이다. 또한 전적으로 최종 목표, 목표 대상, 주동자가 어떠하든지 간에 모든 형태와 모든 참여의 테러리즘 번식을 양성하는 요인들에 관해 대안을 제시해야만 한다. 테러리즘의 원인이 무엇이든지 간에 종교, 문화와 연결시키려는 시도는 전적으로 거부되어야 한다. 분쟁 해결 방안을 제시하고 관심분야에 몰두해야 한다. 압제에 대항하여 싸우고 빈곤 축소, 인권과 공공부문 운용을 장려하며 상호문화이해를 개선하고 모든 종교와 신앙의 존중을 보장해야 한다. 이러한 활동들은 직접적으로 유로-지중해 지역의 모든 사람들에 대한 관심 표명이며 테러리스트와 그들 연락망과 관련하여 다루어야 할 문제다.

범위와 주요 목표들

9. 국가와 정부 수반은 바르셀로나 프로세스 : 지중해를 위한 연합이 제기하는 도전이 다자간 차원의 관계를 보강하며 프로세스에 대한 책임을 공유하고 전 회원국들 간 평등의 기초를 만들며 시민들을 위한 이점인 상세계획으로 해석한다. 바르셀로나 프로세스를 영속적이고 새로운 도약으로 불러일으키는 데 필요한 시기가 도래했다. 바르셀로나 프로세스보다 증가된 노력과 새로운 촉매는 이전 바르셀로나 선언의 목표들을 명백한 결과로 해석하

기 위해서 필요한 사항이다.

10. 유로-지중해 간 파트너십은 2008년 11월에 개최될 외무부 장관 차기 회담 때 결정될 계획안의 양식과 컨센서스의 원칙에 의거 모든 양태 속에서 영향을 받아 열린 시각을 유지할 것이다.

11. 바르셀로나 프로세스 : 지중해를 위한 연합은 바르셀로나 프로세스의 성과물을 기반으로 출발하고 균열된 요소들과 구현될 부분에서 보강될 것이다. 바르셀로나 선언, 목표들, 협력 분야, 특히 세 분야의 협력(정치 관련 대화, 경제 협력과 자유무역, 인간적·사회적·문화적 대화)은 유로-지중해 관계의 중심에 머무를 것이다. 5개년 업무 프로그램은 2005년 바르셀로나에서 개최되었던 정상 회담 때 채택되었다. 그 회담은 유로-지중해 간 파트너십 탄생 10주년을 기념하여 개최된 회담으로 특히 이민, 사회 통합, 정의와 안전 관련 인식 재고와 확대를 결정했고 전 분야 장관 회담의 결론을 적용하는 것으로 남아있다. 국가와 정부 수반은 2010년 혹은 그 이후에 창설될 유로-지중해 지역에서의 심도 깊은 자유 교역 구역과 모든 차원의 지역 경제통합을 보강하는 경제적 이점과 진보를 인식하는 데 있다. 유로-지중해 로드맵의 큰 분야인 무역은 2010년까지 혹은 그 이후에 무역과 투자 가능성, 투명성을 확대할 수 있는 교역에 유리하고 효과적이며 순조로운 교역을 위한 메커니즘 창출 관련 성찰이 필요하다.

12. 국가와 정부 수반은 바르셀로나 프로세스 : 지중해를 위한

연합이 지역 전체 시민들 간의 교역 흐름을 강화할 프로젝트를 실현화함으로써 전 지역이 공유할 수 있는 번영과 평화를 향한 미래를 건설할 것으로 믿고 있다. 이러한 시각에서 발의 안은 인간적이고 문화적인 차원을 포함하는 것이다. 또한 사람들 간의 합법적인 이동을 용이하게 할 의지를 강조한다. 관련 회원국 전체의 관심 속에서 정확하게 운영되는 합법 이민을 장려하고 불법 난민에 대항하여 투쟁하며 이민과 개발 간의 관계를 장려한다. 또한 글로벌·균형적·통합된 접근에 따라 다루어지는 공동 관심사에 몰두 할 것이다.

13. 바르셀로나 프로세스 : 지중해를 위한 연합은 상호 관계를 보충할 것이다. 유럽연합과 관련국들[4]과의 만남은 모리타니아의 경우, 아프리카 국가, 카리브해 국가, 태평양 국가와 유럽 이웃정책, 활동계획, 연합 협정과 같은 현 활동의 틀 안에서 존재하고 지속될 것이나. 아프리카와 유럽연합 간 공동 전략의 상보성과 합당성은 보장될 것이다. 모든 것은 상대적으로 활동을 보충하면서 지역적인 차원에서 이루어질 것이며 바르셀로나 프로세스 : 지중해를 위한 연합은 사전 가입 절차와 가입 협상, 유럽연합의 확대 정책이 독립적으로 진행될 것이다.

---

[4] 관련국은 알제리, 이집트, 이스라엘, 요르단, 리비아, 모리타니아, 모나코, 모로코, 팔레스타인 자치정부, 시리아, 튀니지, 크로아티아, 터키이다. 유럽연합 가입 협상에 참여하는 후보국은 알바니아, 보스니아-헤르체고비나, 몬테네그로이며 유럽연합 가입 잠재 후보국은 리비아로서 1999년 유로-지중해 장관 회담 이후로 초청받았다.

14. 바르셀로나 프로세스 : 지중해를 위한 연합은 바르셀로나 프로세스에서 매우 중요한 세 방법을 통해 새로운 도약을 할 것이다.

첫째, 지중해 회원국들과 더불어 유럽연합 간 관계를 정치차원에서 강조 한다.

둘째, 다 국가 간 관계 책임 공유를 예측 한다.

셋째, 지역 프로젝트와 지역민들을 위해 유용하고도 보충적인 하위 지역 프로젝트 덕분에 더 구체적이고 명백한 관계를 부여한다.

관계 강화

15. 국가와 정부 수반은 2년에 한 번 정상회담을 개최할 것에 합의한다. 정상회담은 제안된 구체적인 지역 계획안에 대한 짧은 항목과 정치적인 선언으로 귀착되어야 한다. 결론은 바르셀로나 프로세스 : 지중해를 위한 연합을 위한 2개년 업무의 원대한 계획을 승인해야만 한다. 외무부 장관 회담은 필요한 경우 새로운 계획에 동의하고 정상들의 차기 회담을 준비하며 정상들의 결정을 구체화하는 방안에서 성장 계획을 만들기 위해 매년 개최될 것이다.

16. 정상 회담은 지중해 회원국과 유럽연합 회원국에서 교대로 개최되어야 할 것이다. 주빈국은 만장일치에 의해 선택되어질 것이다. 발의에 참여하는 모든 국가들은 정상회담과 장관 회담, 바

르셀로나 프로세스 : 지중해를 위한 연합의 다른 총회에 초청될 것이다.

17. 유로-지중해 국회(APEM)는 바르셀로나 프로세스 : 지중해를 위한 연합의 합법적인 국회가 될 것이다. 국가와 정부 수반은 전적으로 지중해 회원국과 더불어 진행되는 관계 속에서 APEM의 역할 강화를 옹호할 것이다.

18. 안나린디 유로-지중해 상호문화 재단은 문화 이해를 바탕으로 한 대화를 위해 창설되었으며 유엔의 서로 다른 문명들 간 알리앙스의 협조 하에 발의 안의 문화적인 차원을 지니는 유로-지중해 기구로서 효과적인 공헌을 할 것이다.

책임 공유와 제도적 관리

19. 국가와 정부 수반은 공동 의장직에 합의하고 동등하게 구성될 조정 위원회에서 정책들은 결정될 것이다. 바르셀로나 프로세스 : 지중해를 위한 연합의 모든 회원국은 공동 의장직과 사무국에 참여할 수 있는 가능성이 있을 것이다.

20. 유로-지중해 외무부 장관들에 의해 제정될 새로운 조항들의 채택과 관련하여 바르셀로나 프로세스의 현 구조에 관해서 합의해야 할 것이다.

공동 의장직

21. 국가와 정부 수반은 협력의 공동 책임과 균형을 개선하기 위하여 공동 의장직을 창립할 것이다. 의장직의 한 분은 유럽연합에서 선출되고 다른 한 분은 지중해 파트너국에서 선출될 것이다. 공동 의장직의 원칙은 정상 회담, 모든 장관 회합, 고위 공무원 회의, 상임위원회, 발의 안 틀 속에서 특별/전문가 회의에 적용될 것이다.

22. 새로운 공동 의장직

- 유럽연합은 시행될 현행 협정의 의향에 비추어 유럽연합의 외부 대표와 양립할 것이다.

- 지중해는 2년 임기로 연속할 수 없이 만장일치에 의해 선출된 공동 의장에 의해 실행될 것이다.

제도권 정부와 사무국

23. 국가와 정부 수반은 발의 안의 정치 목표들을 실현하는 데 공헌할 새로운 제도의 구조를 정립시킬 것이다. 특히 계획안에 명확한 절차를 두고 유로-지중해 관계의 정치적인 측면을 부각시키고 책임을 공유하는 데 강화할 것이다.

24. 국가와 정부 수반은 제도적인 구조 안에서 바르셀로나 프로세스 : 지중해를 위한 연합의 중심 위치가 될 담당 사무국을 창설할 것이다. 사무국은 파트너국에 대한 연구, 계획의 보급과 결과,

회원국 간 동일시를 위한 프로세스의 새로운 도약에 영향을 줄 것이다. 재정확립과 계획의 구현은 사안별로 존중될 것이다. 사무국은 프로세스의 모든 구조와 더불어 운용 협의를 보장할 것이다. 또한 제안을 상정하는 실무 서류를 만들 것이다. 사무국은 자립적인 위치를 확보하고 구별되는 법적 실효성을 갖게 될 것이다.

25. 사무국의 위임 통치국은 기술적인 부분을 담당할 것이다. 반면 외무부 장관과 고위급 회담은 발의 안의 모든 양상에 대한 정치적 책임을 맡을 것이다.

26. 브뤼셀에 본부를 둔 상임 위원회는 고위급 회담과 사전 준비를 진행할 것이다. 정확한 조사를 보장하고 지역 안에서 유로-지중해 회원국의 논의 결과를 필요로 하는 예외적인 상황이 일어날 경우에 빠르게 대처할 수 있는 메커니즘의 구실을 할 것이다.

27. 고위관리들은 정기적인 회합을 계속 이어나갈 것이다. 바르셀로니 프로세스 : 지중해를 위한 연합의 전 측면에서 수행되는 발전상황을 평가하고 조사하며 동의하기 위한 계획안들을 논의할 장관 회담을 사전 준비하기 위함이다. 또한 외무부 장관들은 연간 업무 계획을 제출하여 심의 받을 것이다.

28. 새로운 제도 구조에 대해 위임된 권한의 세부사항, 공동의 장직의 기능, 사무국의 구성과 본부 선정, 재정 확립은 전 회원국들에 의해 표명된 제안들과 심화된 토론의 기초 위에서 2008년 11월 외무부 장관들에 의해 만장일치로 법령이 정해질 것이다.

시행 계획

29. 계획을 선별하는 절차는 바르셀로나 선언서에 언급된 안정, 안전, 평화 추구 목표들에 부응할 것이다. 회원국들은 제안된 계획들이 국경을 넘어 지역과 하위지역 특성을 고려하여 계획을 실천하는 데 있어서 합당한 환경을 창출할 것이다. 회원국이 지니는 관심, 적합성, 규모는 발의 안의 주요 목표 범위에 따라 참여하게 될 것이다. 항구적이고 균형 있는 발전을 장려하기 위한 계획의 특성을 고려할 것이고 통합, 결합, 지역과 하위지역 간 상호 연결, 계획의 재정 가능성, 특히 민간투자부문의 참여와 재정이 가능한 폭넓은 원조가 우선시 될 것이다. 고위관리들은 외무부 장관들의 승인을 얻어 계획을 선별하기 위한 기준을 마련할 것이다.

30. 국가와 정부 수반은 발의 안의 주요 목표들과 외형에 따라 가변적인 계획의 원칙 덕분에 보강된 통합이 제공하는 잠재성을 강조한다. 접근 상황은 관련국들에게 공동의 목표들 혹은 바르셀로나 선언서에 기재된 목표에 도달하고 절차에 활기를 불어 넣을 수 있는 추가적인 목표들을 가능하게 할 것이다.

재정

31. 바르셀로나 프로세스 : 지중해를 위한 연합은 지역을 위한 추가 재정의 수단들을 동원할 것이다. 특히 지역과 하위 지역의 계획은 중개로 이루어질 것이다. 지역 계획에 대한 추가 재정 수

단을 끌어들일 가능성은 투자자들 간의 조정이 조화로워야 하며 추가 가치와 하기에 명시될 분야에 대한 재정을 구성할 것이다. 바로 민간 투자 부문 참여, 유럽연합과 전 파트너국의 예산 기여에 열중할 것이다. 또한 다른 국가, 세계 재정 기관, 지역개체, 유럽투자은행 산하 유로-지중해 간 투자 및 파트너십 기금에 공헌할 것이다. 유로-지중해 IEVP, 유럽 이웃정책 틀 속에서의 투자 기금, IEVP 국경 초월 조정·통합 기구, 발의 안에 의해 겨냥된 국가들의 합당한 재정기구들은 투자 창구의 선별 규칙과 일상적인 절차 시행을 남겨두고 있다.

최종 목표

32. 참여 회원국들은 바르셀로나 프로세스 : 지중해를 위한 연합이 유로-지중해 간 파트너십에 생명을 다시 불어 넣는 역사적인 사건임과 더불어 더 보강된 측면임을 강조한다. 또한 최신 분석에 따르면 이 발의안의 성공은 민간 부문의 활동적인 참여와 시민사회, 시민들에 달려있다.

33. 국가와 정부 수반은 11월에 개최될 차기 회합에서 지중해연합을 위한 이 선언의 제도화를 구축하기 위해 외무부 장관들을 소집할 것이다. 새로운 제도적 장치는 2008년 말 이전에 운용될 것이다. 전 참가 회원국과 유럽연합 집행위원회는 이러한 목표에 도달하기 위하여 긴밀한 연결고리로 수행될 것이다.

추가 조항

유로-지중해 지역의 미래는 사회·경제 발전, 연대, 지역 통합, 항구적인 개발과 인지 속에서 이루어져야 한다. 협력은 기업 개발, 무역, 환경, 에너지, 물 운용, 농업, 식량 안전, 식료품 공급 안전, 운송, 해양 문제, 교육, 직업 연수, 과학 기술, 문화, 미디어, 정의, 법, 안전, 이민, 건강, 여성의 사회 진출 강화, 시민 보호, 관광, 도시 계획, 항구, 지방 분권 협력, 정보화 사회, 경쟁 구도와 같은 다양한 분야로 확대되어야 할 필요가 있다.

또한, 이중 개발 정책의 틀 속에서 식문화에 대한 기후 변화에 특히 주목하면서 식료품 공급의 안정성 문제를 보강하는 것이 중요 사안이다.

물의 중요성은 익히 알려진 사안이다. 2008년 10월 요르단에서 개최될 유로-지중해 장관 회의는 지중해에서의 물 전략에 대해 논의할 것이다. 바로 물의 항구적이며 순리적인 사용과 물 공급원의 다양화, 수자원 보존 수호가 주요 논제이다.

유로-지중해 간 파트너십의 지역 지표 프로그램과 미래 프로그램 하에 확정된 우선권들은 공동체가 하기에 열거하고 있는 새로운 지역 계획에 대한 응용과 기여를 담고 있다. 이러한 계획들은 사전 가입, 혹은 유럽개발기금의 모리타니아 사례, 바르셀로나 프로세스 파트너십, 유럽 이웃정책에서 근거한 쌍무예산 보조금을 희생하여 진행될 것이다.

가장 중요한 부분은 1995년 바르셀로나 선언과 2005년 실무 프로그램에서 확정된 목표들을 구체화하고 대다수 지역 계획을 해석하는 데 있다. 우선적으로 하기에 언급되는 주요 사안들을 제기하고 향후 사무국에서는 세부적인 방식을 제시할 것이다.

지중해 오염 방지 : 문화와 역사의 동의어인 지중해는 지역을 위한 심벌과 아이콘으로 요약되지 않는다. 또한 지중해는 구직 공급자이자 지중해 주변을 위한 기쁨의 원천이기도 하다. 그러나 지중해 환경은 심각하게 왜곡되기도 했다. 〈2010 지평선〉 발의를 근거로 지중해 오염방지는 해변 지역과 해상보호구역에서 특히 물과 오염물질 관련 사람들의 생존과 삶의 지수에 유익한 사안일 것이다.

해저터널과 고속도로 : 지중해는 나누어진 바다가 아니라 사람들을 결합시키는 바다이다. 또한 지중해는 무역을 위한 큰 통로를 구성하고 있다. 바다와 육로로 상품 유통과 인적자원교류, 안정된 근접성, 용이성은 관계를 유지하고 지역경제를 강화하는데 필수적이다.

해저터널의 개발은 지중해 전 연안에서 항구를 연결하고 해변도로 건설, 물품과 인적 자유 교류와 이동을 확대시킬 수 있는 '마그레브 관통' 철도 연결의 현대화를 포함하고 있다. 이를 위해 지중해 지역에서의 글로벌 통합에 관한 전망, 해상 안전과 안전장치 협력에 높은 주의를 기울이는 것에 합의할 것이다.

시민 보호 : 세상의 도처에는 인재와 자연재해로 인한 천재지변의 피해 흔적이 존재한다. 특히 지중해 지역은 재난에 취약하고 노출되어 있다. 천재지변 재해예방, 대비, 대처에 관한 시민 보호 공동 프로그램은 더 좁은 의미로는 지역을 유럽연합의 시민보호 메커니즘에 연결시키는 것이고 이는 지중해 지역을 위한 중요 우선권중의 하나다.

대체 에너지 : 지중해 태양 계획 : 수요만큼이나 공급계획에 관해 에너지 시장은 최근에 알려졌던 활동으로 대체 에너지 원천에 대한 필요성을 확고히 하는 것이다. 모든 대체 에너지 원천에 대한 항구적인 개발을 위한 활동에 기본적인 우선권을 두고 상업화와 연구, 실제 전개를 구성하고 있다. 사무국은 지중해 태양 계획에 대한 가능성, 개념, 창설이 가능하도록 연구를 맡아야 한다.

대학교육, 연구, 유로-지중해 대학 : 슬로베니아에 세워질 유로-지중해 대학은 2007년 6월 카이로에서 열린 대학교육과 학문 연구관련 유로-지중해 장관 회의와 카탄 절차에 의해 확정된 목표들의 연장선 상에서 제안되어 대학교육을 위한 협력을 장려하고 회원국 간 이해를 돕는 데 공헌할 수 있을 것이다. 유로-지중해 대학은 유로-지중해 지역의 대학들과 제휴 기관들을 연합하여 협력망의 중재로 연구 프로그램과 대학 졸업 후 교육 프로그램을 정립하는 임무를 지닐 것이다. 또한 유로-지중해 공간에서 연구, 과학, 대학교육을 형성하는 데 기여를 할 것이다. 회원국들은 외부 협력 창구를 포함하고 있는 Tempus와 Erasmus Mundus와 같은 대학교육의 틀 속에서의 협력 프로그램을 제공하고 활용하는 데 장려할 것이다. 주의해야 할 점은 직업 연수와 일자리 수요 간의 적절함과 능력 향상에 대해 일치해야 할 것이다.

  기업개발을 위한 지중해 시안은 회원국 전체 원조를 겨냥하는 데 있다. 이미 마이크로 기업과 중·소기업에 재정 기구와 기술 원조 형태 하에 필요한 재원을 제공하고 전략적 해결책을 제시하며 기업 요구를 평가하는 원조를 실시하였다. 이 시안은 책임을 공유해야 하는 원칙과 기업 분야에서 이미 개방된 회원국을 보충하는 활동으로 재 인식될 것이다. 지중해 양쪽 국가들은 자발적인 바탕 위에서 공헌할 것이다.